JN063386

こんなとき
どうする!?
相続実務

●瀬戸法律事務所 編著

銀行研修社

はしがき

　本書は、「これで完璧！相続実務」（初版：2014年11月、第二版：2017年8月）の理論部分を抽出し、最新の法令に基づき全面的に見直したうえで発刊するものです。

　高齢化社会となり、お亡くなりになる方が増えるに従って、いろいろな社会問題が発生しました。例えば、「所有者の死後、相続人のいない（また全員が相続放棄した）自宅が、所有者不明の空き家になったまま、相続手続が放置される」といった問題です。

　「相続人がいない」とは、第三順位の代襲相続人である「甥・姪」まで含めて、相続人がいない、または、全員が相続放棄をしたということですから、かなり稀なことです。

　しかし、現実としては、所有者不明の空き家については、社会問題化しています。この問題に対しては、法改正がなされ、「法定相続情報証明制度」が導入されました。そして、令和6年4月からは、相続登記が義務化されます。

　また、最高裁判所の平成28年12月の判例変更で、今まで遺産分割の対象外とされ「当然分割承継」されるとした預貯金取引も、遺産分割の対象となりました。民法は、その対応策として、いわゆる「相続預貯金の仮払制度」を設けました。

　このように、相続を巡る判例・法令の改正は頻繁になされております。

　しかし、どのように相続を巡る判例・法令の改正がなされようとも、金融機関の職員として「お客さまがお亡くなりになった」場合の基本は変わりません。

　最近では、大手金融機関においては、「相続事務センター」を設けて、集中的に相続手続をすることも多いかと思います。この場合でも、お客さまと接するのは、金融機関の営業店の担当者になります。

　本書は、金融機関の営業店の担当者が押さえておくべき相続の基本を

1

記載しました。

　遺言執行者となることも多い筆者ですが、金融機関の窓口で「えっ！」という思いをすることもあります。

　相続の基本的な知識があれば、相続人との間で無用なトラブルを避けて相続手続をすることができます。逆に、相続人との間でトラブルになれば、その相続人との取引が解消になることもあるでしょう。

　本書が、金融機関の営業店の担当者の相続手続の一助になれば幸甚です。

　令和5年6月21日

瀬戸祐典

目　　次

第1章　相続実務のための基本知識

第1節　相続の基本 ·· 8
　1．相続制度 ·· 8
　2．法定相続と遺言相続 ·· 10
第2節　相続の発生 ··· 13
　1．被相続人の死亡 ··· 13
　2．失踪と認定死亡 ··· 14
　3．同時死亡 ··· 19
第3節　相続承認・放棄 ··· 24
　1．相続の形態 ··· 24
　2．単純承認 ··· 25
　3．限定承認 ··· 28
　4．相続放棄 ··· 35
　5．相続財産の調査 ··· 38
　6．相続の欠格 ··· 39
　7．相続人の廃除 ·· 42
第4節　相続人の範囲と順位 ·· 44
　1．相続人の順位 ·· 44
　2．第1順位の相続 ··· 45
　3．第2順位の相続 ··· 45
　4．第3順位の相続 ··· 46
　5．配偶者 ·· 46
　6．相続財産の管理に関する規律 ······································ 47
　7．相続人の不存在 ··· 48
　8．特別縁故者 ··· 51
　9．特別寄与者 ··· 52
第5節　法定相続分 ·· 55
　1．配偶者のみ ··· 55

　　2．第1順位 ……………………………………………………… 55

　　3．第2順位 ……………………………………………………… 58

　　4．第3順位 ……………………………………………………… 58

　第6節　相続財産の範囲 …………………………………………… 60

　　1．プラスの財産とマイナスの財産 …………………………… 60

　　2．一身専属権 …………………………………………………… 61

　　3．配偶者居住権 ………………………………………………… 61

　　4．配偶者短期居住権 …………………………………………… 66

　　5．相続財産に含まれない財産 ………………………………… 68

　第7節　遺言 ………………………………………………………… 70

　　1．遺言による相続の基本 ……………………………………… 70

　　2．遺言能力 ……………………………………………………… 70

　　3．遺言の方式 …………………………………………………… 72

　　4．自筆証書遺言 ………………………………………………… 74

　　5．公正証書遺言 ………………………………………………… 81

　　6．秘密証書遺言 ………………………………………………… 83

　　7．普通方式の遺言3種類の長所と短所 ……………………… 84

　　8．遺言の有効性（実際の例）………………………………… 85

　第8節　遺産分割 …………………………………………………… 86

　　1．遺産分割の基本 ……………………………………………… 86

　　2．遺産分割の手続と方法 ……………………………………… 87

　　3．遺産分割協議の当事者 ……………………………………… 90

　　4．遺産分割の対象 ……………………………………………… 90

　　5．遺留分 ………………………………………………………… 94

　　6．遺言執行者 …………………………………………………… 97

第2章　金融機関における相続手続の基本知識

　第1節　相続人の確定 …………………………………………… 104

　　1．相続の発生 ………………………………………………… 104

　　2．戸籍 ………………………………………………………… 105

　　3．相続人の範囲の確定 ……………………………………… 122

　4. 法定相続情報証明制度……………………………………… 128
　5. 戸籍と個人情報保護………………………………………… 137
　6. 戸籍法の改正による利便化………………………………… 139
　7. マイナンバー（個人番号）について…………………… 141
第2節　遺言による相続手続……………………………………… 142
　1. 自筆証書遺言の見方………………………………………… 142
　2. 公正証書遺言の見方………………………………………… 156
　3. 遺言の執行…………………………………………………… 160
　4. 遺留分を侵害する遺言……………………………………… 162
　5. 受遺者がいる場合…………………………………………… 163
第3節　遺産分割協議による相続手続…………………………… 167
　1. 遺産分割協議書とは………………………………………… 167
　2. 遺産分割協議書の作成方法………………………………… 169
　3. 遺産分割協議書の見方……………………………………… 169
　4. 遺産分割協議書に添付される印鑑登録証明書………… 171
第4節　遺産分割調停・審判による相続手続………………… 173
　1. 家庭裁判所の調停と審判…………………………………… 173
　2. 金融機関の預貯金と遺産分割調停・審判……………… 174
　3. 遺産分割調停の調停書・遺産分割審判の審判書……… 174
　4. 遺産分割調停の調書（謄本）の見方…………………… 175
　5. 家事審判書の見方…………………………………………… 179

第3章　金融機関における相続実務
第1節　相続発生時の対応………………………………………… 184
　1. 取引先死亡の第一報………………………………………… 184
　2. 取引内容の確認と取引の停止……………………………… 185
　3. 個別取引の取扱い…………………………………………… 185
　4. 取引先の死亡の確認………………………………………… 186
第2節　相続手続をするための前提の確認…………………… 187
　1. 相続人の確認………………………………………………… 187
　2. 相続分の確認………………………………………………… 189

　　3. 遺言書の有無の確認 ……………………………………… 189

　　4. 遺産分割協議書の確認 …………………………………… 193

　　5. 調停調書・審判書の確認 ………………………………… 194

　第3節　相続手続にあたり提出を受ける書類 …………… 195

　　1. 各取引に共通して必要な書類 …………………………… 195

　　2. 各取引に必要な書類 ……………………………………… 199

　第4節　預貯金取引の相続実務 …………………………… 201

　　1. 各預貯金取引共通の相続実務 …………………………… 201

　　2. 当座預貯金 ………………………………………………… 204

　　3. 普通預貯金 ………………………………………………… 205

　　4. 定期預貯金 ………………………………………………… 206

　　5. 総合口座 …………………………………………………… 209

　第5節　貸金庫・投資信託・個人向け国債の相続の実務 … 211

　　1. 貸金庫取引 ………………………………………………… 211

　　2. 投資信託 …………………………………………………… 213

　　3. 個人向け国債 ……………………………………………… 214

　第6節　融資取引の相続実務 ……………………………… 215

　　1. 融資取引の相続の一般的原則 …………………………… 215

　　2. 債務承継の手続 …………………………………………… 218

　　3. 主たる債務者の死亡と保証取引 ………………………… 222

　　4. 債務者の死亡と物上保証取引 …………………………… 224

　　5. 連帯保証人の死亡 ………………………………………… 232

　　6. 物上保証人の死亡 ………………………………………… 234

第 1 章

相続実務のための基本知識

1 相続の基本

1 相続制度

「相続」とは、亡くなった人（これを、相続される人という意味で、「被相続人」といいます）の財産を「誰か」に帰属させることです。

「誰か」とは、通常は、相続人です。

しかし、例外もあります。

例えば、被相続人が「私の全ての財産は、NPO法人に遺贈する」という遺言書を残していれば、被相続人の財産がそのNPO法人に帰属する可能性があります。

また、相続人がおらず、遺言書もない場合は、被相続人の財産が特別

図表 1-1　相続に関係する人々とその思惑の例

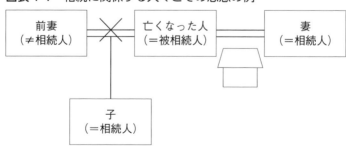

被相続人の財産が、被相続人と妻が住んでいた自宅だけだったら？
　→被相続人の「妻」としては、そのまま住み続けたい・・・
　→被相続人と前妻の間の「子」としては、家を売って、現金化してその2分の1が欲しい・・・

縁故者といって、内縁の妻や被相続人の療養看護に努めた者に帰属することもあります。

　それでも、被相続人の財産を承継する者がいなければ、最後は国に帰属するのです。

　つまり、「被相続人の財産を誰かに帰属させれば、相続手続は終わり」なのであり、相続実務の本質は、実は単純なものです。

　これを複雑にしているのは、相続に関係する人々の様々な思惑です（図表 1-1）。

　もっとも、**図表 1-1** のような場合に対しては、改正相続法で「配偶者居住権」という制度が新設されました。

　ここで、民法の基本となる条文を見てみましょう。

　民法は「相続人は、相続開始の時から、被相続人の財産に属した一切の権利義務を承継する。ただし、被相続人の一身に専属したものは、この限りでない」（民法 896 条）と定めています。

　相続の対象は、「被相続人の財産に属した」一切の権利義務ですから、被相続人の財産に属さないものは対象となりません。

　「相続財産に属するかどうか」というのは、相続の基本かつ重要な点です。金融機関の関係する部分としては、典型的には、生命保険の死亡保険金についての論点がありますが、詳細は、本章第 6 節「相続財産の範囲」で解説します。

　また、相続の対象となるのは、「被相続人の財産に属した一切の権利『義務』」です。

　つまり、預貯金等のプラスの財産（これを「積極的財産」といいます）だけではなく、金融機関からの借入債務、連帯保証債務等のマイナスの財産（これを「消極的財産」といいます）も相続の対象になるのです（図表 1-2）。

　「死んだ父親の預金は欲しいけど、借金はいらない」というのは、相続人の感情としてはよく分かりますが、法律はそうはなっていません。

図表 1-2　相続の対象となるもの・ならないもの

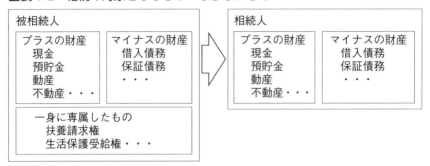

　金融機関の相続手続において問題となるのは、預金と貸金、あとは担保が主ですから、通常は「被相続人の一身に専属したもの」が問題となることはありません。

2 法定相続と遺言相続

　相続手続の本質が、「被相続人の財産を誰かに帰属させる」ことであるのは、既に述べたとおりですが、この「誰か」が相続人以外になることがあります。

　ここでは、相続を大きく「法定相続」と「遺言相続」の2つに分けて考えてみたいと思います。

　自分が死んだら、自分の財産は誰に継いでもらいたいでしょうか？

　配偶者でしょうか？　子供でしょうか？　親でしょうか？　兄弟姉妹でしょうか？

　生前に自分で決めておきたいと思うこともあるかもしれません。

　そこで、民法は、被相続人が生前に「自分が死んだあとに自分の財産をどうするか？」について、自分で決めることができる制度を用意しました。

　それが「遺言」（いごん）という制度です。

　遺言があれば、原則として遺言に従って、被相続人の財産は相続され

図表 1-3　遺言相続と法定相続

ます。

　これを、「遺言相続」といいます。

　では、遺言がない場合はどうなるのでしょうか？

　民法は、この場合は、被相続人と一定の親族関係にあった者に被相続人の財産を帰属させるという制度を採用しています。

　これを、「法定相続」といいます（**図表 1-3**）。

　ただし、自分の財産だからといって、完全に自分の思いどおりに相続させることはできません。

　後で詳しく説明をしますが、配偶者、子、直系尊属といった法定相続人には、被相続人の意思によっても動かすことのできない相続分が認められています。

　これを「遺留分」（いりゅうぶん）といいます。

　つまり、遺言者に長男○○と次男△△の 2 人の子がいる場合は、「私は、全ての財産を長男○○に相続させる」という遺言は、次男△△の遺留分を侵害していることとなります。

　この場合、次男△△は、自身の遺留分を侵害されていることを理由に、長男○○に対して「遺留分侵害額に相当する金銭を支払え」と主張することができます。これを、遺留分侵害額請求権といいます（民法 1046 条 1 項）。

　次男△△が、遺留分侵害額請求権を行使する旨を相手方（この場合は長男○○）に対する意思表示をすると、遺留分侵害額に相当する金銭の

給付を目的とする債権（金銭債権）が発生します（遺留分侵害請求権が形成権であるからです）。

　なお、次男△△が、長男○○から実際に金銭を受領した場合でも、その金銭は相続財産に復帰するわけではありません。遺留分の侵害を理由とする金銭給付請求権は、遺留分を侵害された者が、相手方に対して有している固有の権利であるため、受領した金銭は、次男△△の固有の財産となります。

　この遺留分の問題は、難しい問題点がたくさんありますから、また後で詳しく説明することにして（「第1章 第8節 遺産分割 5 遺留分」参照）、ここでは、「いくら遺言といっても、遺言者の思いどおりにならないこともある」ということを押さえておいてください。

図表 1-4　遺留分を侵害する遺言相続の例

```
         ┌──────┐   ┌──────────┐              ┌──────────┐
         │不動産 │   │被相続人   │──────────────│   亡妻   │
         └──────┘   │甲野太郎   │              │ (×印)   │
                    └──────────┘              └──────────┘
         ┌──────┐          │
         │現預金 │          │
         └──────┘   ┌──────┴──────┐
              ┌──────────┐      ┌──────────┐
              │ 長男○○  │      │ 次男△△  │
              │（＝相続人）│      │（＝相続人）│
              └──────────┘      └──────────┘
```

遺言書

私は、全ての財産を長男○○に相続させる。

○年○月○日

甲野　太郎

印

→この遺言書（自筆で書かれているものです）は、次男△△の遺留分（この場合は、4分の1）を侵害しています。
　したがって、次男△△は、長男○○に対して、その範囲で遺留分を主張することができます。
　例えば、次男△△は、長男○○に対し、「相続財産の不動産、預貯金等の価格の4分の1に相当する金銭を支払え」という形で遺留分侵害額請求権を行使します。

2　相続の発生

1　被相続人の死亡

　民法は、相続の発生について、「相続は、死亡によって開始する」(民法 882 条) としています。

　一見すると、当たり前のようですが、そうではありません。

　例えば、こんな条文があったらどうでしょうか？(図表 1-5)

　この場合は、戸主の「隠居」によって相続が開始することになります。

　もちろん、現在の民法は、図表 1-5 のようなものではありません。

　最初に述べたとおり、「死亡」によって、相続が開始します。

　遺言書があっても、同じです。

　「遺言は、遺言者の死亡の時からその効力を生ずる」(民法 985 条 1 項) となっているからです。

　そうすると、次の問題として、「死亡とは何か？」という問題があります。

図表 1-5　隠居により相続発生する条文の例

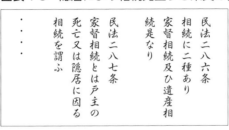

人間の生物学的な死亡だけをいうのでしょうか?

例えば長年行方不明になって生死が分からないような人については、生物学的な死亡が確認できない限り、相続手続が開始されないのでしょうか?

民法はこのような場合は、死亡したものと考えて相続手続を開始することにしました。これを擬制死亡(ぎせいしぼう)といいます。

また、「いつ死亡したか?」も問題となります。

死亡した順序によって、相続人間で相続分に大きな違いが出てくるからです。

2 失踪と認定死亡

では、まず、「相続は、死亡によって開始する」(民法882条)の「死亡」とは何かを考えてみましょう。

一つ目は、自然的な死亡、つまり、「人間の生物としての死」になります。

しかし、ここでいう「死亡」とは、それだけではありません。

次のようなケースを考えてみましょう(図表1-6)。

夫が、妻と未成年の子供2人を残して、ある日行方が分からなくなった、というケースです。

残された家族は、夫が生きているのか、死んでいるのか分かりません。

この場合、残された家族はどうすればよいのでしょうか?

夫名義の預貯金、夫を被保険者として契約した生命保険はそのままになってしまうのでしょうか?

さらに、妻が夫以外の別の男性と再婚したいと考えた場合はどうすればよいのでしょうか?

そこで、民法は、一定の条件の下で「死亡したものとみなす」という制度を設けました。

これを擬制死亡といい、普通失踪と特別失踪の2つがあります。

そして、もう一つ、これは戸籍法上の制度ですが、「認定死亡」とい

図表 1-6　擬制死亡制度の利用が考えられるケース

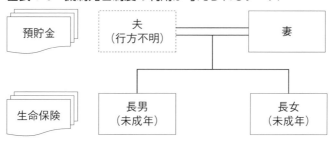

う制度がありますので、順番に説明をしていきます。

① 普通失踪

　民法 30 条 1 項は、「不在者の生死が 7 年間明らかでないときは、家庭裁判所は、利害関係人の請求により、失踪の宣告をすることができる」と定めています。

　そして、民法 31 条は、「前条第 1 項の規定により失踪の宣告を受けた者は同項の期間が満了した時に……死亡したものとみなす」と定めています。

　つまり、失踪宣告を受けたものは、7 年間の期間満了時に死亡したものとみなされます。

　ここで、大事なのは、死亡したものと「みなす」となっている点です。

　法律の条文で、「みなす」という文言は、「推定する」という文言と異なり、反証を許しません。

　ですから、本人がたとえ生きており、その証拠が提出されたとしても失踪宣告による死亡の効果は覆らないのです。

　もし、本当にそのような事態になった場合は、失踪宣告を取り消さなくてはなりません。

　では、金融機関は、民法 30 条 1 項にある「利害関係人」に含まれるのでしょうか？

　この点、利害関係人とは、「不在者の配偶者、相続人にあたる者、財

産管理人、受遺者など失踪宣告を求めるについての法律上の利害関係を
有する者」とされています。

　したがって、行方不明者名義の預金のある金融機関は、法律上の利害
関係を有する者とはいえません。

　また、金融機関が貸出をしている場合において、債務者である個人が
行方不明になったとしても、やはり、金融機関は、法律上の利害関係を
有する者とはいえません（通説。大決昭7年7月26日民集11巻1658頁）。

　債務者が行方不明になった場合は、金融機関が、相殺通知を送付する
のであれば、公示送達によることになるでしょうし、競売等強制執行す
るのであれば、不在者財産管理人の選任を申立てすることになるでしょ
う。

　そして、失踪の制度は、死亡の効果が生じる範囲にも注意が必要です。

　失踪宣告は、かつての住所から失踪した者について死亡したものとみ
なす制度であって、どこか別の場所でその者が生きている場合に、その
者の権利能力（人として権利・義務の帰属の主体となり得る地位）を失わ
せる制度ではありません。

　したがって、失踪宣告を受けた者がどこかで生きており、新たに法律
行為をした場合は、その法律行為は有効に成立します。

　つまり、失踪宣告を受けた者であっても、別の場所で金融機関と取引
することもできるのです。

　もっとも、有効な本人確認資料の提示ができるかどうかは別です（失
踪宣告を受けると戸籍から除籍されます（**図表1-7**））。

図表1-7　失踪宣告を受けた場合の戸籍への記載例

【死亡とみなされる日】	令和5年5月5日
【失踪宣告の裁判確定日】	令和5年6月4日
【届出日】	令和5年6月5日
【届出人】	親族　甲野乙太郎

② 特別失踪

　では、**図表 1-6** の例で、夫が、飛行機に乗っていて、その飛行機が海中に墜落して行方不明になったという事例はどうでしょうか？

　この場合、生存している確率はかなり低いといわざるを得ません。

　そこで、民法は、このような場合について「特別失踪」という制度を用意しました。

　民法 30 条 2 項は、「戦地に臨んだ者、沈没した船舶の中に在った者その他死亡の原因となるべき危難に遭遇した者の生死が、それぞれ、戦争が止んだ後、船舶が沈没した後又はその他の危難が去った後 1 年間明らかでないときも、前項と同様とする」となっています。

　前項と同様というのは、「家庭裁判所は、利害関係人の請求により、失踪の宣告をすることができる」ということです。

　ここで、注意しなければならないのは、死亡したものとみなされる時点です。

　普通失踪の場合は死亡したものとみなされる時点は、7 年間の期間満了時です。

　しかし、特別失踪の場合は死亡したものとみなされる時点は、1 年間の期間満了時ではありません。

　飛行機が墜落して、墜落後 1 年たったときに死亡したとみなすのは不自然だからです。

　特別失踪については、民法 31 条が、「同条第二項の規定により失踪の宣告を受けた者はその危難が去った時に、死亡したものとみなす」としています。

　つまり、飛行機が墜落した時に死亡したものとみなされます。

③ 認定死亡

　上記①、②は、利害関係人の請求によって、家庭裁判所が失踪の宣告をする手続でしたが、これと似たような制度に「認定死亡」の制度があります。

図表 1-8　認定死亡の場合の戸籍への記載例

【死亡日】	令和 5 年 6 月 4 日
【死亡時分】	推定午前 5 時
【死亡地】	千葉県銚子市沖
【報告日】	令和 5 年 6 月 6 日
【報告者】	銚子警察署長
【報告を受けた日】	令和 5 年 6 月 7 日
【受理者】	千葉県銚子市長

　これは、民法上の制度ではなく、戸籍法上の制度です。

　戸籍法89条には、「水難、火災その他の事変によつて死亡した者がある場合には、その取調をした官庁又は公署は、死亡地の市町村長に死亡の報告をしなければならない」と記載されています。

　水難等で遺体が発見されないような場合に、この認定死亡の制度が使われることがあります。

　戸籍への記載は、例えば、**図表 1-8** のようになります。

　認定死亡が、失踪宣告と大きく異なるのは、死亡が「推定される」というだけであって、「みなされる」というものではない点です。

　したがって、認定死亡は、失踪宣告と異なり、「反証」があればその効力は覆ります。

　つまり、死亡と認定された者が、いまだ生存しているという証拠の提出があった場合は、その効力を失います。

④ **まとめ**

　相続開始の原因となる「死亡」についてまとめると、**図表 1-9** のようになります。

　まず、大きく、「人間の生物としての死亡」と「それ以外の死亡」に分かれます。

　「それ以外の死亡」は、民法上の制度である「擬制死亡」と戸籍法上の制度である「認定死亡」に分かれます。

図表 1-9　相続開始の原因となる「死亡」

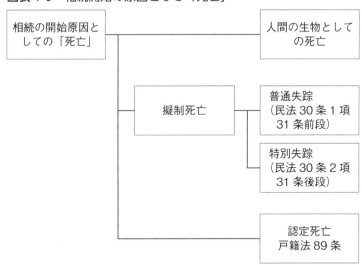

そして、「擬制死亡」は、「普通失踪」と「特別失踪」に分かれます。

3 同時死亡

① 同時死亡の考え方

　相続において、死亡の時期は極めて重要です。

　相続人は、被相続人死亡時に権利主体として存在しなければならない（同時存在の原則）とされています。被相続人が死亡した時点で、相続財産が相続人に包括承継されますから、相続人がいなければ、権利主体がいないという事態が生じてしまうからです。

　同時存在の原則が問題となる場面の１つとして、同時死亡の場合があります。同時死亡の場合の問題点に、民法がどのように対応しているのか、次のケースを基に考えてみましょう。

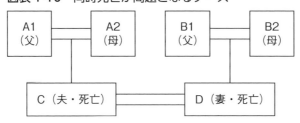

図表 1-10　同時死亡が問題となるケース

[ケース１]

　ＣとＤは、入籍したばかりの夫婦で、子供はいません。

　市役所に、婚姻届を出したあと、新婚旅行に出発しました。

　しかし、飛行機が離陸直後に墜落しました。

　ＣもＤも、共に飛行機事故で死亡したとします。

　ＣもＤも、それぞれ独身時代に貯めた預金が 1,200 万円ありますが、

他に財産はありません。

　さて、上のケースで２つのケースを考えてみましょう。

　・ケース１：Ｃが先に死亡して、その後にＤが死亡した。

　・ケース２：Ｄが先に死亡して、その後にＣが死亡した。

　この２つのケースで、A1、A2 の相続分と B1、B2 の相続分はどうな

るのでしょうか。

　子がいない場合の法定相続分については、本章第５節に詳述しますが、

①配偶者がいる場合は、配偶者が３分の２、直系尊属が３分の１の割合に、

②配偶者がいない場合は、直系尊属が全て相続します。

＜ケース１の場合＞

　まず、Ｃが先に死亡しますから、Ｃの相続人は、A1、A2 とＤです。

　法定相続分は、A1 が６分の１、A2 が６分の１、Ｄが３分の２です。

したがって、A1 が 200 万円、A2 が 200 万円、Ｄが 800 万円です。

　次に、Ｄが死亡します。

　D の死亡時点での財産は、自分の財産の 1,200 万円に C から相続した 800 万円が加わりますので、2,000 万円です。

　これを、B1 と B2 が相続しますので、B1 が 1,000 万円、B2 が 1,000 万円の相続になります。

＜ケース 2 の場合＞

　まず、D が先に死亡しますから、D の相続人は、B1、B2 と C です。

　法定相続分は、B1 が 6 分の 1、B2 が 6 分の 1、C が 3 分の 2 です。したがって、B1 が 200 万円、B2 が 200 万円、C が 800 万円です。

　次に、C が死亡します。

　C の死亡時点での財産は、自分の財産の 1,200 万円に D から相続した 800 万円が加わりますので、2,000 万円です。

　これを、A1 と A2 が相続しますので、A1 が 1,000 万円、A2 が 1,000 万円の相続になります。

　いかがでしょうか。

　これでは、A1、A2 と B1、B2 の間で揉めます（実際に昔は揉めました）。

　そこで、民法は、昭和 37 年の法改正で、「同時死亡」という規定を設けました。

　民法 32 条の 2 は、「同時死亡の推定」という規定で、以下のとおり定めています。

　「数人の者が死亡した場合において、そのうちの一人が他の者の死亡後になお生存していたことが明らかでないときは、これらの者は、同時に死亡したものと推定する」。

　ここでも、「推定」ですから、**図表 1-10** の事例で、A 側が「C が D の死亡後になお生存していたこと」について、立証に成功すれば、推定が覆って＜ケース 2 ＞の場合になります。

②同時死亡が生じた場合の相続

　同時死亡をした者同士（この例では、C と D の間）では、相続が発生しません。C と D が同時死亡した場合は、C の相続分は A1・A2 を、

Dの相続分をB1・B2がそれぞれ相続します。例えば、Cの相続に着目すると、DはCの相続をしないので、Cの相続にB1・B2は関係しません。

A1、A2、B1、B2の相続分は全て同じ600万円となります。

③同時死亡の推定が及ぶケース

同時死亡は、「事故」や「災害」の場合に限りません。

民法32条の2は、「数人の者が死亡した場合において、そのうちの一人が他の者の死亡後になお生存していたことが明らかでないとき」と定めているだけです。

民法30条2項が「戦地に臨んだ者、沈没した船舶の中に在った者その他死亡の原因となるべき危難に遭遇した者の生死」という限定を付しているのと比べるとその違いは明らかです。

同時死亡の推定は、同時危難の場合のみならず、死亡の先後不明の場合も及びますから、例えば、たまたま別の場所・別の原因で親族が亡くなったが、その死亡の日時が不詳であるため、死亡の先後が不明である場合も、適用があります。

図表1-11の場合、死亡日時に幅があるため、甲野乙太郎と丙次郎の死亡の先後が分かりませんから、同時死亡の規定が適用される可能性があります。

図表1-11　同時死亡の可能性があるケース

甲野乙太郎の戸籍　死亡日時の記載　「推定令和5年6月13日死亡」
甲野丙次郎の戸籍　死亡日時の記載　「令和5年6月日時不詳死亡」

幅のある死亡日時の記載がされている場合には、同時死亡のケースに該当しないかどうか、確認するようにしましょう。

なお、一般的な死亡日時の記載例は**図表1-12**のようなものですが、弁護士が担当するような相続の事案では、**図表1-11**のように幅のある記載の戸籍も、相当数、見かけることがあります（事件や事故に巻き込

まれる場合などがありえますが、それだけではなく理由も様々ですから、相続人等ご遺族に事情を伺う際には、配慮が必要です）。

　このような死亡日時の記載がされている戸籍を見た場合には、同時死亡のケースにあてはまらないか確認しましょう。

図表 1-12　一般的な死亡日時の記載例

例1

令和五年八月拾壱日午後五
時弐拾八分東京都足立区で
死亡同月拾参日親族甲野三
郎届出除籍

例2

【死亡日】令和5年8月11日
【死亡時分】午後5時28分
【死亡地】東京都足立区
【届出日】令和5年8月13日
【届出人】親族　甲野三郎

3 相続承認・放棄

1 相続の形態

　相続が発生した場合、「相続人は、相続開始の時から、被相続人の財産に属した一切の権利義務を承継する」(民法 896 条) ことになりますが、被相続人に借金がたくさんあるような場合は、権利義務を承継しなければならないのでしょうか？

　経済合理的に考えれば、**図表 1-13** になるかと思います。

　そこで、民法は、3 つの制度を用意しました。

　単純承認、限定承認、放棄の 3 つです。

　民法上は、「相続人は、自己のために相続の開始があったことを知った時から三箇月以内に、相続について、単純若しくは限定の承認又は放

図表 1-13　相続に関する経済的に合理的な思考

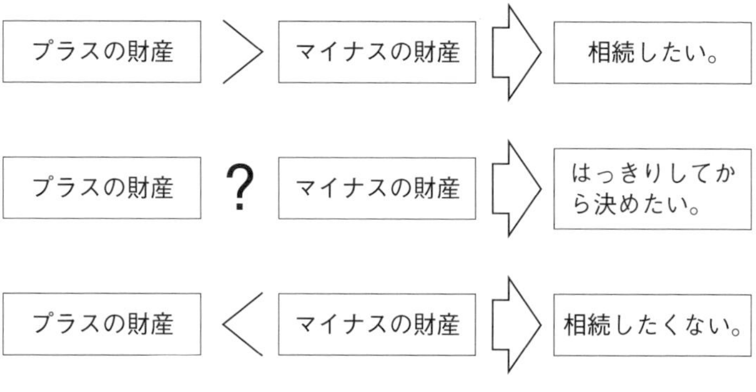

| プラスの財産 | ＞ | マイナスの財産 | ⇨ | 相続したい。 |

| プラスの財産 | ？ | マイナスの財産 | ⇨ | はっきりしてから決めたい。 |

| プラスの財産 | ＜ | マイナスの財産 | ⇨ | 相続したくない。 |

図表 1-14

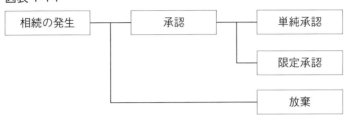

棄をしなければならない」（民法 915 条 1 項）と定めています。

つまり、**図表 1-14** のとおりになります。

2 単純承認

① 単純承認とは

単純承認とは、何も留保しないで、相続を承認することです。

単純承認の効果は、「相続人は、単純承認をしたときは、無限に被相続人の権利義務を承継する」というものです（民法 920 条）。

つまり、単純承認してみたところ、実際は相続財産が「プラスの財産＜マイナスの財産」だった場合は、自分のプラスの財産で、相続したマイナスの財産の穴埋めをしなくてはなりません（**図表 1-15**）。

② 単純承認の方法

では、単純承認は、「どのようにする」のでしょうか？

民法上、単純承認の方式というものは定まっていません。

実際にも単純承認の意思表示を積極的にすることはほとんどなく、民法上は、法定単純承認という制度が設けられています。

法定単純承認とは、「次に掲げる場合には、相続人は、単純承認をしたものとみなす」（民法 921 条本文）というものです。

では、「次に掲げる場合」とは何でしょうか？

これは、3 つの場合があります。

イ．相続人が相続財産の全部または一部を処分したとき(民法 921 条 1 号)

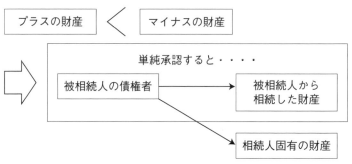

図表 1-15　プラスの財産＜マイナスの財産のケースで単純承認した場合（被相続人の債権者から見た例）

　相続人が相続財産の全部または一部を処分した以上、その責任（マイナスの相続財産についても承継するという責任）を負わせるものです。

　「処分」とは、法律行為だけではなくて事実行為、例えば、被相続人名義の家屋を取り壊すなどという行為を含みます。

　金融機関でよくある問題が、相続の発生後に相続が発生したことを金融機関に告知せず、法定相続人が被相続人名義の預金を引出して、法定相続人名義の預金に移し替えるような例です。

　その後に、被相続人に予期しない保証債務があったとしても、「単純承認をしたものとみなす」ことになってしまってトラブルになります。

　あと、問題となるのが、「形見分け」ですが、これについては「相続人間で故人を偲ぶよすがとなる遺品を分配する」程度であれば一般的には「処分」にならないものと思われます。

ロ．相続人が熟慮期間内に限定承認または相続の放棄をしなかったとき
　（民法921条2号）

　熟慮期間とは、「自己のために相続の開始があったことを知った時から三箇月以内」（民法915条1項）です。

　ここでの注意点は、「相続の開始があった時から3カ月以内」ではないことです。

しかし、配偶者と第1順位の相続人（子）については、よほど、被相続人と疎遠でなければ、「相続の開始があった時」と「自己のために相続の開始があったことを知った時」はかなり近接しているのが普通です。

問題は、被相続人について、保証債務があることを知らなかったために、相続放棄も何もしなかったら、しばらく経ってから突然、被相続人の債権者から支払の請求を受けたような場合です。

この点については、実際にトラブルになることが非常に多いので、事例で詳しく解説します。

ハ．限定承認または相続の放棄をした相続人が相続財産を自分のものにしたとき等（民法921条3号）

この法定単純承認事由は、いったん、有効に相続の放棄をした「元」法定相続人が、相続放棄後に、相続財産を隠匿したり、消費したりしたような場合です。

かかる行為は、相続債権者（被相続人に対して債権を持っていた債権者のことを指します。以下同）に対する背信的行為ですから、民法は相続放棄を認めないことにしました。

③ 単純承認の効果

法定相続人が単純承認をした場合、「相続人は、単純承認をしたときは、無限に被相続人の権利義務を承継する」ということになります（民法920条）。

④ 財産分離

単純承認の効果は、上記③のとおりですが、「無限に被相続人の権利義務を承継する」という効果によって、影響が出るのは、相続人ばかりではありません。

相続によって、被相続人の財産と相続人の財産が混和してしまいますから、被相続人の債権者または相続人の債権者にも影響が出ます。

このため、民法は、被相続人の債権者または相続人の債権者が、相続による財産の混和を避けるために、財産分離という制度を用意していま

す。

　被相続人の債権者がする財産分離を、通常、「第一種の財産分離」といいます（民法 941 条以下）。

　相続人の債権者がする財産分離を、通常、「第二種の財産分離」といいます（民法 950 条）。

　この財産分離という制度は、実際に金融機関の担当者として、滅多に利用するものではありませんが、知っておくと債務者との交渉に役に立つ場合もあります。

3 限定承認

① 限定承認とは

　限定承認とは、「相続人は、相続によって得た財産の限度においてのみ被相続人の債務及び遺贈を弁済すべきことを留保して、相続の承認をすること」（民法 922 条）ができるという制度です。

　単純承認した場合、無限に被相続人の権利義務を承継することになりますから、相続人としては、被相続人に負債があった場合は、もしかすると自己の固有財産から相続債権者（被相続人の債権者）に弁済しなければならないことになります。

　相続放棄をした場合、そのようなリスクはなくなりますが、被相続人のプラスの財産も相続することはできません。

　では、被相続人が、相当なプラスの財産もあるが、相当なマイナスの財産もあって、どちらが多いか分からないような場合は、相続人としてはどうすればよいのかという問題が生じます。

　民法は、このような場合のために、「限定承認」という制度を用意しました。

　限定承認とは、被相続人の債務（マイナスの財産）については、被相続人のプラスの財産の範囲で弁済し、なお、プラスの財産が残っている場合には、これを相続人が相続する一方で、プラスの財産で弁済し切れ

なかった場合には、相続人は、残りの債務（マイナスの財産）については責任を負わないという制度です（図表1-16参照）。

　そうすると、限定承認という制度は、非常に相続人にとって「都合のよい」制度ということになりますから、多くの相続手続において、限定承認が利用されるのではないかと思われますが、実際にはあまり利用されていません。

　2021年度の司法統計によれば、家庭裁判所における受理件数は、相

図表1-16　限定承認のフロー

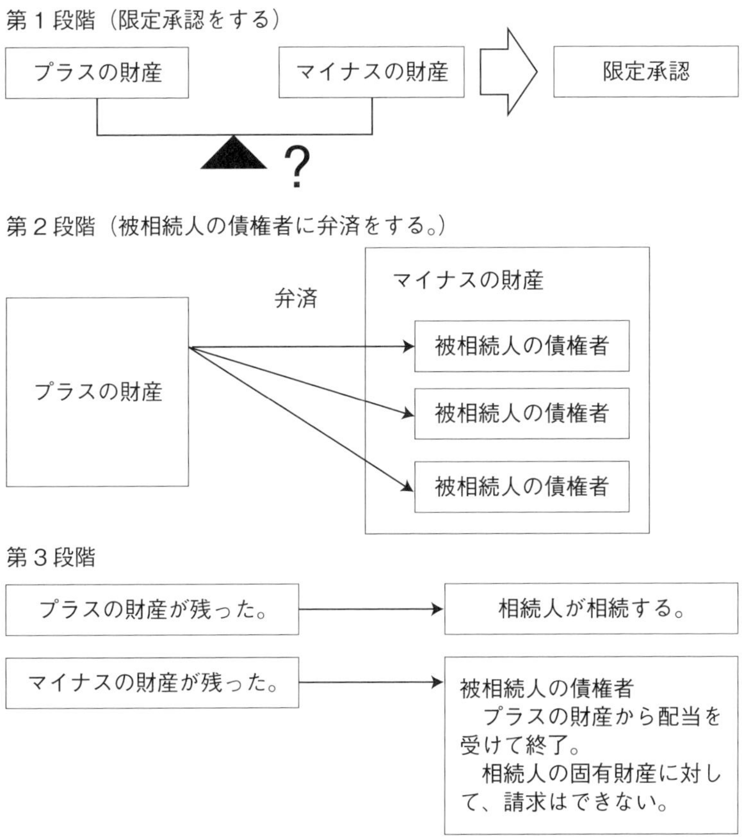

第1段階（限定承認をする）

| プラスの財産 | マイナスの財産 | → | 限定承認 |

▲
？

第2段階（被相続人の債権者に弁済をする。）

弁済　マイナスの財産

プラスの財産 →
被相続人の債権者
被相続人の債権者
被相続人の債権者

第3段階

プラスの財産が残った。 → 相続人が相続する。

マイナスの財産が残った。 → 被相続人の債権者
　プラスの財産から配当を受けて終了。
　相続人の固有財産に対して、請求はできない。

続放棄が251,993件であるのに対し、限定承認はわずかに689件です。

　後述するように、相続人にとって非常に手間がかかる制度になっていることや、共同相続人の場合には、共同相続人が全員で共同してのみ、限定承認をすることができることなどが理由といわれています。

② 限定承認の効果―基本的な考え方

　限定承認は、被相続人の債務が相続人に全額承継された後、当該債務について、「相続によって得た財産の限度」（民法922条）でのみ行われる一種の清算手続です。相続人が限定承認をすることで、「相続人の固有財産」と「相続された相続財産」が分離されて扱われます。

　簡単にいうと、限定承認の申述→相続債権者・受遺者への公告・催告（民法927条1項・3項）→必要がある場合は相続財産の換価（民法923条）→相続債権者・受遺者への弁済（民法929条）、という流れになっています。

　相続債権者の立場から見ると、破産手続に似ている面もあり、単純化していうならば、金融機関としては、限定承認という手続の進行を把握したら、限定承認者に債権額を申出て、配当があれば相続財産から配当を受ける、ともいえるでしょう。

③ 限定承認の方法

　限定承認には、相続債権者、受遺者等の利害関係人の期待を保護するための制度が用意されており、相続人にとっては、非常に手間がかかる制度になっています。

イ．限定承認の申述

　相続人は、限定承認をしようとするときは、熟慮期間内に、相続財産の目録を作成して家庭裁判所に提出し、限定承認をする旨を申述しなければなりません（民法924条）。

　「申述」といいますが、実際には、被相続人の最後の住所地の家庭裁判所に、限定承認をする旨を記載した書面及び戸籍等の必要書類を提出するのであり、裁判所に対して口頭で「限定承認します」というわけで

はありません。

ロ．債権者等に対する公告・催告

　限定承認をした相続人は、プラスの相続財産を原資として、全ての相続債権者及び受遺者に対して公平に弁済（分配）をする必要があります。

　そのためには、相続人の側では、誰が相続債権者及び受遺者か、また、その債権額はいくらか、などを知る必要があります。

　逆に、相続債権者や受遺者の側では、自己の権利を相続人に主張して、弁済（分配）を受けるための手続が保障されていなければなりません。

　民法は、「限定承認者は、限定承認をした後五日以内に、すべての相続債権者及び受遺者に対し、限定承認をしたこと及び一定の期間内にその請求の申出をすべき旨を公告しなければならない」と定めています（民法 927 条 1 項）。限定承認者は、本条項の期間の満了前は、相続債権者及び受遺者に対して弁済を拒むことができます。

　そして、この公告は、官報に掲載する形でします（同条 4 項）（**図表 1-17**）。

　しかし、相続債権者が毎日、官報を注意深く見ていれば、債務者が死亡して、相続人が限定承認したことに気が付くでしょうが、実際にそのようなことは稀でしょう。

　そこで、民法では、限定承認者は、「知れている相続債権者及び受遺者には、各別にその申出の催告をしなければならない」（民法 927 条 3 項）と定められています。

　相続人は、被相続人と取引している金融機関について、大抵は、把握しています。金融機関としては、「申出の催告」が来たら、債権額を申出る等、適切に対応することが必要です。なお、限定承認者が公告・催告を怠ったとしても、限定承認の効力には影響しませんが、限定承認者に損害賠償責任が生じる可能性があります（民法 934 条）。

④ **弁済の方法**

　民法 927 条に定める請求申出期間満了後、限定承認者は、

図表1-17　限定承認の公告の例

限定承認公告

本籍　　　東京都足立区中川○丁目○番○号

最後の住所　千葉県習志野市秋津○丁目○番○号

被相続人　亡　甲野　乙太郎

右被相続人は令和五年八月十四日死亡し、その相続人は令和五年八月十七日千葉家庭裁判所にて限定承認をしたから、一切の相続債権者及び受遺者は、本公告掲載の翌日から二箇月以内に請求の申し出をして下さい。右期間内にお申し出がないときは弁済から除斥します。

令和五年八月二十日

　　　　東京都港区虎ノ門○丁目○番○号

　　　　相続財産管理人　甲野　丙子

　　　　（または　限定承認者　甲野　丙子）

　i 優先権を有する相続債権者へ弁済（民法929条但書）

　ii 請求申出期間内に申出をした相続債権者その他知れている相続債権者に、それぞれその債権額の割合に応じて弁済（民法929条本文）

　iii 請求申出期間内に申出をした受遺者および知れている受遺者に弁済（民法931条）

の順に弁済を行うことになります（民法929条・930条・931条）。

　なお、民法929条但書の「優先権を有する相続債権者の権利」にあたるためには、対抗要件を必要とする権利については、相続の開始時において債権者が対抗要件を具備していることが必要です。

　例えば、相続債権者が抵当権を実行する場合は、被相続人の死亡までに、抵当権設定登記を備えている必要があります。

　期間内に申出をしなかった相続債権者及び受遺者で限定承認者に知れ

なかったものは、残余財産についてのみその権利を行使することができます（民法935条本文）。

⑤ 共同相続人の限定承認手続

　相続人が複数いる場合において、ある相続人が単純承認をして、別の相続人が限定承認をする、ということはできるのでしょうか？

　この点、民法923条は、「相続人が数人あるときは、限定承認は、共同相続人の全員が共同してのみこれをすることができる」としています。

　つまり、相続人が複数いる場合は、全相続人が一致して限定承認をしなければなりません。

　もっとも、相続放棄をした者がいる場合は、「相続の放棄をした者は、その相続に関しては、初めから相続人とならなかったものとみなす」（民法939条）ため、共同相続人のうち、一部が相続放棄をしても、残りの共同相続人が全員で限定承認をすることは可能です。

　では、共同相続人の全員で限定承認の申述をした後に、共同相続人の一部が、「相続財産の全部または一部を処分」（民法921条1号）したり、「限定承認または相続の放棄をした後であっても、相続財産の全部もしくは一部を隠匿し、私にこれを消費し、または悪意でこれを相続財産の目録中に記載しなかった」（民法921条3号）りして、法定単純相続に該当する事由を行った場合はどうでしょうか？

　このような「不心得な相続人」がいたため、他の共同相続人が限定承認する利益を失うのは不合理です。

　同じような問題は、共同相続人の限定承認の申述をし、家庭裁判所に正式に受理された後に、一部の共同相続人に熟慮期間中の法定単純承認事由が発覚した場合にも生じます。

　そこで、民法937条は、このような場合については、他の共同相続人による限定承認を認めた上で、相続債権者については、まず、相続財産の範囲内で弁済を受けて、弁済を受けることができなかった債権額については、法定単純承認となった相続人に対して、その相続分に応じて

権利を行使することができるとしています。

⑥ 限定承認の場合の取引の相手方

限定承認の場合、金融機関が取引をする相手方にも注意が必要です。

相続人が一人の場合は、その限定承認をした相続人一人を相手方として取引をすればよいことになります。

この場合の相続人からの署名は、「被相続人 亡 甲野乙太郎 限定承認者 相続人 甲野丙子」という形でもらえばよいでしょう。

⑦ 相続財産の清算人

相続人が複数の場合、家庭裁判所は、共同相続人の中から相続財産の清算人を職権で選任しなければなりません（民法936条1項）。

なお、改正前は民法936条1項の清算人を「相続財産の管理人」と規定していたことから、「職権による相続財産管理人」と呼ばれていましたが今後は「相続財産清算人」と呼ばれます。

相続財産管理人（民法897条の2）は、相続財産清算人とは清算の権限がない点でまったく異なるものであり、相続人の不存在のところ（本章第7節）で詳述します。

⑧ 限定承認の場合の取引の相手方

では、相続人が複数の場合はどうなるのでしょうか？

限定承認した共同相続人全員を相手に取引をするのでしょうか？

前述のとおり、民法は、相続人が複数の場合、家庭裁判所は、共同相続人の中から相続財産の清算人を職権で選任しますが（民法936条1項）、さらに、「前項の相続財産の管理人は、相続人のために、これに代わって、相続財産の管理及び債務の弁済に必要な一切の行為をする」（同条2項）としていますので、金融機関は、相続財産清算人の選任を確認のうえ、当該相続財産清算人と取引をすることになります。

この場合の相続財産清算人からの署名は、「被相続人 亡甲野乙太郎 相続財産清算人 限定承認者 相続人 甲野丙子」とすれば丁寧ですが、「被相続人 亡甲野乙太郎 相続財産清算人 甲野丙子」でもよいかと思います。

4 相続放棄

① 相続放棄とは

　相続人は、被相続人のプラスの財産だけではなく、マイナスの財産も相続するのが原則です。

　そうすると、被相続人が多額の債務を負っている場合に、相続人はどうすればよいのでしょうか？

　このような場合に、相続人としては、「相続したくない」と考えるでしょう。

　そこで、民法は、相続の効力を確定的に、かつ、相続開始のときに遡って消滅させるために「相続放棄」という制度を設けました。

　相続人は、「相続したくない」という意思表示をすることによって、相続の効力を確定的に、かつ、相続開始の時に遡って消滅させることができるのです（民法 938 条以下）。

　相続放棄とは、自己のために生じた相続の効果を全面的に消滅させるものですから、単純でかつ絶対的なものです。

　したがって、条件や期限を付けることはもちろん、相続財産の一部についてだけを相続放棄することもできません。

　相続放棄の件数は、近年大幅に増加しています（1995 年は 62,603 件、2018 年は 215,320 件、2023 年は 251,993 件）ので、金融機関の担当者として相続放棄の知識は必要不可欠です。

② 相続放棄の方法

　では、相続放棄はどのようにすればよいのでしょうか？

　相続債権者としては、相続人が相続放棄をするか否かで、誰にどの範囲で弁済を求めることができるかが変わってきます。

　いつまでも、相続放棄をするかしないか、不安定な状態のままというのは好ましくありません。

　そこで、民法は、相続放棄ができる期間を、「相続人は、自己のため

に相続の開始があったことを知った時から三箇月以内」（＝「熟慮期間」といいます。民法 915 条 1 項）としています。

　これについては民法が、「相続の放棄をしようとする者は、その旨を家庭裁判所に申述しなければならない」（民法 938 条）としています。

　「家庭裁判所に申述」とありますが、実際には、家庭裁判所に行って、その旨の書面を提出することになる点は、限定承認と同じです。

　相続放棄の申述には、理由を必要としません。家庭裁判所の調査は、申述者が相続人であるか戸籍上調査し（申述者は戸籍一式を提出します）、その他、相続放棄の意思が真意かどうか、法定単純承認に該当する事実の有無、などといった点を調査して、受理するか否かを決定します。

　なお、一度受理された放棄は撤回することができません。限られた条件のもとで、取消をすることができます（民法 919 条 1 項・2 項）。

③ 相続放棄の確認方法

　相続の放棄の申述を家庭裁判所に行った後、家庭裁判所は相続放棄の申述を受理する審判を行い、その旨が申述書に記載されたときに、相続放棄の効力が生じます。

　家庭裁判所が、相続放棄の申述を受理する審判を行うと、相続人に対して、通知書を送付します。金融機関が、相続放棄を確認する場合は、推定相続人から、「相続放棄受理通知書」の提出を受けます。

　これは、通常、一通しか発行されませんので、家庭裁判所の書記官の朱印のある原本を確認の上、写しを金融機関が保管することになります。

　この通知書がない場合は、家庭裁判所に「相続放棄申述受理証明書」の交付を申請してもらって、「相続放棄申述受理証明書」の提出を受けます。

　こちらは、1 通 150 円の収入印紙で、何枚でも発行を受けることができますから、通常は、債権者である金融機関ごとに提出を受けることが多いと思いますが、原本確認ができるのであれば、写しの提出でもよいでしょう。

　なお、相続人からまったく協力を得られない場合、債権者である金融機関は、相続放棄・限定承認の申述の有無について、家庭裁判所に照会をすることができます。照会できるのは、相続人・被相続人に対する利害関係人（債権者等）のみであり、金融機関が債務者に対して照会を行う場合は、相続関係を示す戸籍とともに、利害関係の存在を証明する書面の写しなどの書類の提出が必要となります。

④ 相続放棄の効果

イ．相続放棄の遡及効

　民法は、相続放棄の効果について、「相続の放棄をした者は、その相続に関しては、初めから相続人とならなかったものとみなす」（民法939条）としていますから、相続放棄をした者は、相続開始に遡って、相続人ではなかったことになります。

ロ．相続資格の帰趨

　血族相続人の全員が相続放棄をした場合は、次順位の血族相続人が相続人となります。

　なお、相続放棄をした者の直系卑属がいても、相続放棄をした者を代襲相続することはありません（民法887条2項但書）。

　債務者の親が資産家であって、その相続が発生したとしても、債務者が相続放棄をすると、債権者（子である債務者の債権者）は、親の相続財産に対して権利行使することはできません。

　資産家の家庭では、相続税対策として、孫を養子縁組する例が見られます。子である債務者は相続放棄するものの、孫（債務者の子）が、（代襲相続はできないものの）養子縁組の結果、資産家の祖父の財産を相続するということもありえます。なお、「相続の放棄のような身分行為については、民法424条の詐害行為取消権行使の対象とならない」（最判昭和49年9月20日）とされています。

　金融機関としては、相続を前提にしない債権回収方針を立てることが重要です。

⑤ **相続放棄の絶対的効力**

　相続放棄の効力は、絶対的で、相続放棄をした者は、登記などの対抗要件を備えなくても、何人に対してもその効力を主張することができます。

⑥ **相続放棄後の相続財産管理制度**

　相続の放棄をした者は、その放棄の時に相続財産に属する財産を現に占有しているときは、相続人または相続財産清算人に対して当該財産を引き渡すまでの間、自己の財産におけるのと同一の注意をもって、その財産を保存しなければなりません（940条1項）。

5 相続財産の調査

①相続財産の調査

　相続を承認（単純承認・限定承認）するにせよ、放棄するにせよ、その前提として、相続人は相続財産がどれほどあるのかを把握する必要があります。

　「相続人は、自己のために相続の開始があったことを知った時から三箇月以内に、相続について、単純若しくは限定の承認又は放棄をしなければならない」（民法915条1項）とされていますが、この期間内に何もしなければ単純承認になります（民法921条2号）。

　したがって、相続人は、この期間内に相続財産を調査する必要があります。

　そこで、民法は、「相続人は、相続の承認又は放棄をする前に、相続財産の調査をすることができる」（民法915条2項）として、相続人に相続財産の調査をする権利を与えました。

　これを、一般的に、相続財産調査権と呼んでいます。

　金融機関の実務で問題となるのは、イ．相続預金の調査（過去の移動明細も含む）、ロ．被相続人の借入・連帯保証の有無の調査、ハ．貸金庫の開扉要求等です。

　イ．については、最一判平成21年1月22日が、「預金者の共同相続

人の一人は、共同相続人全員に帰属する預金契約上の地位に基づき、被相続人名義の預金口座の取引経過の開示を求める権利を単独で行使することができる」としています。

ロ．については、金融機関が回答しても、守秘義務との関係で問題はないものと思います。

ハ．については、「貸金庫の内容物の持出しがあった」「貸金庫の内容物の持出しはなかった」ということで、相続人間の争いに巻き込まれる可能性があり、難しい問題です。

②熟慮期間の伸長

被相続人の生活状況（相続人と長い間別居していた等）によっては、相続人が、被相続人の財産状況をまったく把握していないこともあります。

現在、預金の残高証明書の取得にも、相続手続の開始（窓口来店予約等）から実際の残高証明書の取得までには、1カ月程度かかることもありますので、相続人が、3カ月以内に、相続放棄や限定承認をするべきかどうか、判断することができない場合もあります。

その場合、相続人は、家庭裁判所に対して、相続の承認または放棄の期間の伸長を求める審判を申し立てることができます（民法915条1項但書）。

伸長期間は、裁判所が各々の事情を踏まえて判断するので一概にはいえませんが、筆者の経験によると、財産調査に必要な合理的な期間（3～4カ月程度）については、認められる傾向にあります。

6 相続の欠格

① 相続の欠格とは

例えば、「息子が、父親の財産が欲しいために、自分の父親を殺害してしまった」というような場合、その息子に相続人の資格を認めるべきでしょうか？

民法は、そのような場合に、相続する権利を剥奪することにしました。これを相続欠格といいます。

相続人は、民法891条各号で定める一定の非行をした場合には、当然にその相続権を剥奪されます。

　相続に関して不正な行為をした相続人については、その相続権を認めるべきではないため、その相続人に対する一種の制裁として相続の欠格という制度があるのです。

② 相続の欠格事由

　民法891条が定める相続の欠格事由は、以下の5つです。

　　イ．故意に被相続人または相続について先順位もしくは同順位にある者を死亡するに至らせ、または至らせようとしたために、刑に処せられた者（同条1号）

　「故意」に「死亡するに至らせ」または「至らせようとした」ですから、殺人または殺人未遂が該当します。

　傷害致死については、殺意がありませんから、相続の欠格事由には該当しません（大審院大正11年9月25日）が、廃除（**7**を参照）は問題となります。

　また、「刑に処せられた」ことを要するので、相続人が執行猶予付きの判決を受けた場合で、その執行猶予期間が経過した場合は、相続欠格にはならないと考えられています。この場合、刑の言渡しが効力を失う（刑法27条）からです。

　　ロ．被相続人の殺害されたことを知って、これを告発せず、または告訴しなかった者（その者に是非の弁別がないとき、または殺害者が自己の配偶者もしくは直系血族であったときを除く）（同条2号）

　　ハ．詐欺または強迫によって、被相続人が相続に関する遺言をし、撤回し、取り消し、または変更することを妨げた者（同条3号）

　　ニ．詐欺または強迫によって、被相続人に相続に関する遺言をさせ、撤回させ、取り消させ、または変更させた者（同条4号）

　このハとニは、実際には相当数の割合でなされている可能性がありますが、相続発生後に、他の相続人が立証するのは極めて困難なことが多

いのが実情です。

　例えば、認知症の親を介護する子供が、その親を騙して遺言書を書か
せたとしても、他の相続人は、「騙した」行為が密室でなされる限り、
第三者の証言を得ることは極めて難しいからです。

　　ホ．相続に関する被相続人の遺言書を偽造し、変造し、破棄し、また
　　　　は隠匿した者（同条 5 号）

　このホについては、判例は、厳格に解しています。相続人による遺言
書の破棄・隠匿行為が「相続に関して不当な利益を目的とする」もので
あるかどうかを判断基準としています（最判平成 9 年 1 月 28 日）。

　例えば、「偽造、変造」に関して、最二判昭和 56 年 4 月 3 日は、概要、
「相続人が遺言書の方式を具備させて有効な遺言書としての外形を作出
する行為は、遺言書の偽造又は変造にあたるが、それが遺言者の意思を
実現させるためにその法形式を整える趣旨でされたにすぎないものであ
るときは、相続欠格者にあたらない」としています。

　また、「隠匿」に関しても、最二判平成 6 年 12 月 16 日は、「遺言公
正証書の正本の保管を託された相続人の 1 人が、遺産分割協議まで遺
言書の存在と内容を告げなくても、他の関係者が知っていたような場合
は、遺言書の隠匿に当たらない」としています。

③ 相続欠格の効果

　相続欠格事由に該当する者は、何らの裁判手続や意思表示を要するこ
となく、法律上当然に、相続資格を失います（民法 891 条）。相続欠格
とされる者は、被相続人の積極財産も消極財産も承継しません。

　なお、相続欠格は、廃除とは異なり、戸籍に記載されることはなく、
欠格の効果が生じたことを公示する方法はありません。

　相続欠格の効果は、相対的かつ一身専属的なものです。

　　イ．相続欠格者は、欠格の対象となる被相続人の相続についてのみ相
　　　　続権を失います（例えば、A がその親 B の相続について欠格となっ
　　　　たとしても、B の兄弟の相続については、A は欠格者とはなりません。

相対効)。

ロ．相続欠格者に直系卑属がいた場合は、その者が欠格者を代襲して相続します（民法 887 条 2 項、一身専属性）。

7 相続人の廃除

① 相続人の廃除とは

廃除とは、被相続人の請求に基づき、家庭裁判所が審判により、遺留分を有する特定の相続人の相続資格を剥奪する制度です。

被相続人の意思によるという点で、相続の欠格とは異なります。

また、遺留分（第 1 章 8 遺産分割 5 遺留分参照）を有しない相続人（兄弟姉妹）については、遺言によって何も相続させないことができるので廃除はありません。

民法 892 条は、「遺留分を有する推定相続人が、被相続人に対して虐待をし、若しくはこれに重大な侮辱を加えたとき、又は推定相続人にその他の著しい非行があったときは、被相続人は、その推定相続人の廃除を家庭裁判所に請求することができる」としています。

つまり、廃除の事由は、①被相続人に対して虐待をし、もしくはこれに重大な侮辱を加えたとき、と、②推定相続人にその他の著しい非行があったときの 2 つです。

ただし、推定相続人の遺留分権を含む相続権を剥奪する制度ですから、虐待や侮辱は人的信頼関係を破壊する程度に重大なものでなければならないとされており、実際の事例では、かなり厳格に判断されています。

認められた例としては、「小・中・高等学校在学中を通じて非行を繰り返した当該相続人（被相続人の次女）が、暴力団の一員であった者と婚姻し、父母が婚姻に反対であることを熟知していながら、披露宴の招待状に招待者として父の名を印刷し、父母の知人等にも送付した」ような場合（東京高裁決定平成 4 年 12 月 11 日）とか、「多数の女性と情交関係を結び、父母妻子を捨てて顧みない」ような場合（東京高裁決定昭和

24 年 6 月 21 日）がありますが、逆にいえば、このくらいの例でないと、廃除は認められません。

② 廃除の手続

廃除には、生前廃除（民法 892 条）と遺言による廃除（民法 893 条）があります。

生前廃除の場合は、被相続人が、廃除対象者を示して、自己の住所地を管轄する家庭裁判所に申立てて、審判が行われます。なお、廃除請求権は被相続人の一身専属権であって、他の者が代位して請求できるものではありません。

遺言による廃除の場合は、遺言が効力を生じた後に、遺言執行者が遅滞なく相続開始地を管轄する家庭裁判所に廃除の申立てをし、審判が行われます。

③ 廃除の効果・確認方法

廃除対象者は、廃除を求める審判が確定すると、相続資格を喪失します。

廃除申立者が、市町村役場に廃除の審判があった旨の届出をすることで、戸籍の「身分事項」欄には、推定相続人廃除の審判確定日が記載されます（図表 1-18）。

このように、戸籍を見ると廃除の審判の有無について確認することができます。

図表 1-18　推定相続人廃除届がなされた戸籍の例

```
身分事項
推定相続人廃除
【推定相続人廃除の裁判確定日】　令和 5 年○月○日
【被相続人】　父　甲野　乙太郎
【届出日】　令和 5 年○月△日
【届出人】　父
```

4 相続人の範囲と順位

① 相続人の順位

相続人の順位について、民法は、以下のとおりとしています（図表1-19）。

まず、配偶者は常に相続人となります（民法890条）。

そして、子がいれば、子が相続人となります（民法887条1項。第1順位）。

子が被相続人より先に死亡していた場合で、その子に子（被相続人の孫）がいれば、その孫が相続人になります。これを代襲相続といいます（民法887条2項）。

その孫も先に死亡していた場合で、その孫に子（被相続人のひ孫）がいれば、そのひ孫が相続人となります。これを再代襲相続といいます（民

図表 1-19　相続人の順位

被相続人と関係	順位	条文等
配偶者	常に相続人	民法890条。内縁は含まない。
子	第1順位	民法887条1項。 代襲・再代襲あり（民法887条2項、3項）
直系尊属	第2順位	民法889条1項1号。 親等の異なる直系尊属が複数の場合は、親等が近い者が相続人となる。
兄弟姉妹	第3順位	民法889条1項2号。 代襲はあるが、再代襲はない（民法889条2項、887条2項）。

法887条3項）。

子がいない場合は、最も親等が近い直系尊属（父母と祖父母がいれば、父母）が相続人となります（民法889条1項1号。第2順位）。

子（代襲者・再代襲者を含む）も直系尊属もいない場合は、兄弟姉妹（代襲者を含む）が相続人となります（民法889条1項2号。第3順位）。

2 第1順位の相続

民法887条1項は、「被相続人の子は、相続人となる」としています。

ここで、「子」とは、

①被相続人と血縁関係にある子（実親子関係）

②被相続人と養子縁組をした子（養親子関係）

をいいます。

ただし、実親子関係にある子でも、別の親と特別養子関係にある場合には、事情が異なります。例えば、被相続人Aと実親子関係にある子Bが、第三者Xと特別養子関係にある場合は、子Bは、被相続人Aの相続人となりません。特別養子関係は、「実方の血族との親族関係が終了する縁組」（民法817条の2第1項）であるからです。

3 第2順位の相続

被相続人に「子」がないとき、被相続人の直系尊属が第2順位の相続人となります（民法889条1項1号）。

直系尊属とは、「直系」の「尊属」のことをいい、例えば、父母や祖父母です。

民法889条1項1号は、被相続人の直系尊属を第2順位の相続人とし、「ただし、親等の異なる者との間では、その近い者を先にする」としています。

したがって、被相続人が幼くして亡くなった場合で、父母と祖父母がいずれも存命している場合には、父母が第一親等、祖父母は第二親等で

すから、親等の近い父母が相続人となります。

4 第3順位の相続

　被相続人に、子も直系尊属もない場合は、兄弟姉妹が第3順位の相続人となります（民法889条1項2号）。

　兄弟姉妹が相続人になる場合は、子のない高齢者の場合が多く、兄弟姉妹の数が比較的多いため、相続人の数が非常に多いことがあります。

　兄弟姉妹については、一度だけ代襲します（民法889条2項、887条2項）。

　兄弟姉妹が死亡している場合には、甥・姪が代襲相続して、さらに相続人の数が増えていくことになります。

　実務上、注意が必要なのは、同じ兄弟姉妹でも、父母が同じ兄弟姉妹（これを全血兄弟姉妹といいます）と父母の一方のみが同じ兄弟姉妹（これを半血兄弟姉妹といいます）で、相続分が変わることです。

　半血兄弟姉妹の相続分は、全血兄弟姉妹の2分の1になります（民法900条4号）。

5 配偶者

　被相続人の配偶者は、常に相続人です（民法890条）。

　被相続人の配偶者は、子（第1順位）、直系尊属（第2順位）、兄弟姉妹（第3順位）が相続人となるときに、その者と同時に相続人となります。

　ここでいう「配偶者」は、法律上の婚姻関係を有する配偶者のことであって、内縁関係を含みません。「配偶者居住権・配偶者短期居住権」（民法1028条〜）、「特別寄与料」（民法1050条1項）も、法律婚の配偶者にのみ認められています。

　内縁関係にある配偶者は、被相続人に法定相続人がいない場合で、家庭裁判所が「相当と認めるとき」に認められるときに、特別縁故者として遺産の分与を受取ることがあります（民法958条の2）。

　したがって、長年連れ添った内縁関係にある配偶者がいる場合であって、自分に兄弟姉妹がいるような場合には、遺言をしておくことが重要になります。

6 相続財産の管理に関する規律

　相続法改正により、相続財産の管理に関する規律が大きく見直されました。

① 相続財産管理人

　家庭裁判所は、利害関係人または検察官の請求によって、いつでも、相続財産の管理人の選任その他の相続財産の保存に必要な処分を命じることができます（民法 897 条の 2 第 1 項。以下、相続財産の管理人を「相続財産管理人」といいます）。

　ポイントは、相続財産管理人は、相続の段階に関わらず、遺産分割前の相続財産について、その物理的状況や経済的価値の維持を目的にして、管理することができる点です。

　典型的には、相続人の熟慮期間中及び限定承認後などが想定されますが、例えば、相続人が相続を承認したものの、遺産分割協議がまとまらず、相続人により相続財産の管理が適切になされない場合なども対象となります。

　相続を承認した場合、相続財産の管理は相続人に任せることが原則であるところ、民法 897 条の 2 第 1 項により、相続の段階を問わず、相続財産管理人による管理を行えるようになりました。

　本規定は、共同相続人間での利用は想定されておらず、相続債権者や問題のある財産についての利害関係人等、第三者の利用が想定されています。

　共同相続人間の管理に問題がある場合には、共同相続人は、遺産分割審判前の保全処分を請求して、財産の管理者の選任を求めることになります（家事手続法 200 条 1 項）。

金融機関としては、被相続人の債務の担保と考えていた物件が、遺産分割が未了で管理者が定まらないうちに財産的価値が毀損されるようなことがあれば、相続財産管理人を申立てるなどして、その保存に努めることを考えなければなりません。

　申立に際しては、申立人は、第三者に相続財産を保存させる必要があることを主張立証しなければなりません。相続人が存在する場合には、基本的には、相続人が相続財産を管理するべきであると考えられるからです。

　申立人は、被相続人の範囲・所在等を調査して、相続人が存在するが保存行為をしないとか相続人のあることが明らかでないなどの事情があり、放置すると相続財産の価値が毀損することなどを主張する必要があります。

② 相続財産清算人

　相続財産清算人は、

　・数人の相続人が限定承認をした場合（民法 936 条）

　・相続人があることが明らかでない場合（民法 952 条）

に選任されます。

　相続財産清算人の職務は、相続財産の管理のみならず清算までありますが、①で解説した相続財産管理人は相続財産の保存が職務であり、清算の権限はありません。

7 相続人の不存在

　では、法定相続人がまったくいないような場合はどうなるのでしょうか（図表 1-20 参照）。

　民法は、「相続人のあることが明らかでないときは、相続財産は、法人とする」としています（民法 951 条）。

　これを、相続財産法人といい、被相続人の相続財産に法人格を与えています。

図表 1-20　相続人がまったくいないケース

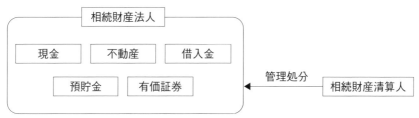

「相続人のあることが明らかでない場合」というのは、戸籍上、推定相続人が存在しない場合のほか、推定相続人の全員が相続放棄をした場合なども含まれます。

相続人がいないものの、包括受遺者がいる場合は、「相続人のあることが明らかでないとき」には該当しません（最判平成 9 年 9 月 12 日）。

なお、相続人の不存在の手続が終了するまでに、相続人の存在することが明らかになれば、当初から相続財産法人は存在しなかったものとみなされます（民法 955 条）。

相続財産は、法人ですから、その財産を管理し、清算する自然人が必要となります。相続財産法人を管理する自然人を相続財産清算人といいます（民法 952 条）。

相続人の不存在の手続の流れは、**図表 1-21** のとおりです。

家庭裁判所は、利害関係人または検察官の請求によって、相続財産清算人を選任します（民法 952 条 1 項）。

家庭裁判所は、相続財産清算人の選任と、相続人があるならば一定の期間内にその権利を主張すべき旨（以下、「相続人捜索の公告」といいます）を公告しなければならず、その公告の期間は 6 カ月以上の期間をもって定められます。

相続財産清算人は、相続財産清算人の選任及び相続人捜索の公告があったときは、全ての相続債権者及び受遺者に対して、2 カ月以上の期間を定めて、その期間内にその請求の申出をすべき旨を公告します。こ

図表 1-21　相続人の不存在の手続の流れ

相続人のあることが明らかでない（民法 951 条）

家庭裁判所は、相続財産清算人の選任と相続人捜索の公告を同時に行う（民法 952 条 2 項）

相続財産清算人は、全ての相続債権者及び受遺者に対して、一定の期間内(2 カ月以上)に請求の申出をすべき旨を公告(民法 957 条)

相続財産清算人が相続債権者等に弁済を行う（民法 957 条 2 項、929 条、930 条）

相続人捜索の公告で定められた期間内に相続人としての権利を主張する者がいないときは、相続人の不存在が確定し、相続人並びに相続財産清算人に知れなかった相続債権者及び受遺者は、その権利を行使することができない（民法 958 条）

特別縁故者に対する相続財産の分与（民法 958 条の 2）

財産が残った場合は、国庫へ帰属（民法 959 条）

の期間は、相続人捜索の公告の期間内に満了するように設定されます。また、既に判明している相続債権者及び受遺者に対しては、個別的に債権の申出をするように催告します（民法 957 条、民法 927 条 2 項から 4 項の準用）。

　なお、この公告には、請求申出をしないときには弁済から除斥されるべき旨が付記されます（民法 957 条、927 条 2 項）。相続人の相続権及び弁済により消滅する性質の権利が除斥（失権）の対象となり、相続財産に付着した賃借権等は本条により消滅はしません。

　実務上、被相続人に相続財産がほとんどなく、相続人もいない場合は、相続財産清算人の選任を家庭裁判所に請求することはまずありません。

　多いのは、法定相続人ではない従兄弟・従姉妹が、被相続人の葬儀を

行って、その後に家庭裁判所に相続財産清算人の選任を請求するパターンです。

8 特別縁故者

　法定相続人がいない場合、相続財産が法人となって、最終的には国庫に帰属することは、既に説明したとおりです。

　では、内縁の配偶者等は、相続財産を承継することができないのでしょうか？

　この点、民法は、相続人捜索の公告（民法 952 条 2 項）の期間満了後 3 カ月以内に、

　①被相続人と生計を同じくしていた者

　②被相続人の療養看護に努めた者

　③その他被相続人と特別の縁故があった者

の請求があった場合には、家庭裁判所は、相当と認めるときは、これらの者に対して清算後残存すべき相続財産の全部または一部を承継させることができる、としています（民法 958 条の 2）。

　これらの①〜③の者を特別縁故者といい、この制度を「特別縁故者に対する相続財産の分与制度」といいます。

　問題は、特別縁故者への相続財産の分与が認められるのは、被相続人に法定相続人がいない場合ということです。

　したがって、いくら何十年も生計を同じくした内縁の配偶者がいたとしても、被相続人に兄弟姉妹（代襲相続人となる甥・姪）が 1 人でもいれば、内縁の配偶者は特別縁故者として、財産分与を受けることはできません。

　この場合は、遺言の有無が決定的に重要になります。

　また、特別縁故者に対する財産分与は、特別縁故者の請求を前提としています。

　そして、特別縁故者から請求があったからといって、家庭裁判所が、

無条件に相続財産全部について財産分与を認めるわけではなく、家庭裁判所が「相当と認めるとき」に認められるに過ぎません。

実務においても、家庭裁判所が、相続財産の全部について特別縁故者への財産分与を認めるものではなく、一部について財産分与を認め、残余については国庫に帰属する（相続財産清算人が国庫に納付する）ことが多いと思います。

9 特別寄与者

相続人の範囲の問題ではありませんが、密接に関連するものとして、特別寄与者の規定（民法1050条）があります。

相続を契機として生ずる財産承継の問題が相続であり、相続を契機として生ずる相続人と特別寄与者との間の財産的利益の調整を図ろうとする規定が特別寄与料の制度です。

被相続人の子の配偶者が、被相続人の療養看護等に貢献したとします（図表1-22）。

図表1-22　特別の寄与が問題となるケース

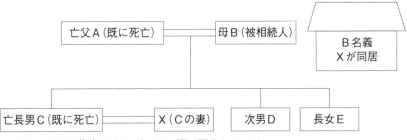

X は、C の配偶者であるが、C は既に死亡している。
X は、亡夫 C の母 B（義母）の療養看護等に貢献してきたが、今般 B が死亡した。
B の主な財産は亡 A から相続した自宅のみであり、X が同居していた。
B に遺言はなく、C と X の間に代襲相続人となる子はいない。

図表1-22のような場合、法定相続人は、D、E の2名で、法定相続

分は各2分の1になります。

　このような場合、旧相続法では、Bの相続手続において、XのBに対する療養看護等に報いることは困難でした。

　寄与分の制度はありますが、寄与分は、相続人にのみ認められるからです（民法904条の2第1項）。

　BとXが養子縁組をする、BとXの間で（準）委任契約を締結して報酬を支払う等も可能性としてはありますが、実際の事例では、そのような契約があることは多くありません。

　Xは、Bに相続人であるDとEがいる以上、特別縁故者にもなることもできません。

　Cが存命しており、Bの相続人であれば、Xの寄与相当分を、Cの寄与分として考慮するというのはあり得ますが、Cが既に死亡しており、Cの代襲相続人となる子もいなければ、Xとしては、どうしようもありません。

　そこで、相続法は、特別の寄与の制度を設け、相続人ではない被相続人の親族が、被相続人に対して療養看護その他の労務を無償で提供したことにより被相続人の財産の維持または増加について特別の寄与をした場合に、この親族（「特別寄与者」といいます）が、相続の開始後、相続人に対し、その寄与に応じた額の金銭（「特別寄与料」といいます）の支払を請求できる旨を定めています。（民法1050条）

　特別寄与の制度の特徴としては、
- X自身の権利として認められること（Cが仮に存命していても認められる）
- 被相続人の親族に認められること（XはBの一親等姻族。相続人には寄与分の制度があるので対象外です。また、相続放棄をした者、欠格もしくは廃除により相続権を失った者も対象外です）。
- 特別寄与者は、遺産分割の当事者ではなく、特別寄与料は、遺産分割の手続外においてなされる特別寄与者の相続人に対する金銭請求

権であること
があげられます。

　仮に、Xが、亡夫Cについて「姻族関係終了届」を役所に提出して
いれば、Xは被相続人Bの親族ではないために、特別寄与者になるこ
とはできませんが、亡夫Cとの「姻族関係終了届」を役所に提出した
うえで、亡夫Cの母B（Xの義母B）の療養看護等に尽くすことは稀で
しょう。

　特別寄与の制度においては、「内縁の配偶者」「同性カップルのパート
ナー」は、特別寄与者になることができない点も注意が必要です。

　なぜなら、法律上、特別寄与者は「被相続人の親族」に限定されてい
るからです。

　このような場合は、被相続人は、遺言をすることが重要になります。

　特別寄与料に関する協議または調停（特別の寄与に関する処分調停）が
調わなければ、特別寄与者は、家庭裁判所に対して、協議に代わる処分
を請求することができ、この処分は家事審判事項とされています（民法
1050条2項、家事事件手続法別表第二15項）。

　特別寄与者は、遺産分割の調停や審判が家庭裁判所に係属していなく
ても、特別の寄与に関する処分調停のみを申立てることができます。

　また、特別の寄与に関する処分調停・審判と遺産分割の審判・調停手
続は、それぞれ別の手続ではあるものの、家庭裁判所の裁量により、併
合して審理されることもあります。

　特別寄与料の請求権は、協議・調停・審判によって、その内容が具体
的に決まるため、民事訴訟による特別の寄与の確認請求などは認められ
ないし、事前の放棄もできないと考えられています。

5　法定相続分

1 配偶者のみ

　配偶者のみの場合は、配偶者の法定相続分の割合は 1 分の 1（＝全部）となります。

2 第 1 順位

① 配偶者がいる場合

　配偶者が 2 分の 1、子が 2 分の 1 となります。

　子が複数いる場合は、2 分の 1 を子の数で分けます。

　子が、被相続人の嫡出子、非嫡出子であったとしても平等 です。

　かつては、非嫡出子の法定相続分は、嫡出子の 2 分の 1 でした（旧民法 900 条 4 号ただし書前段）が、最高裁判所が憲法違反と決定をし（最大決平成 25 年 9 月 4 日民集 67 巻 6 号 1320 頁）、その後、民法改正がなされました。

　普通養子縁組（養子が、実親との関係を残したまま、養親と二重の親子関係になる縁組（民法 792 条～817 条））の場合、養子は、「実親」「養親」の双方について、子として相続人となります。

　しかし、特別養子縁組（養子が、実親との関係を断ち切って、養親と親子関係になる縁組（民法 817 条の 2 ～ 817 条の 11））の場合、「養子と実方の父母及びその血族との親族関係は、特別養子縁組によって終了する」とされているため（民法 817 条の 9）、養子は、実親の子として相続人に

はなりません。

② 配偶者がいない場合

　子が 1 分の 1 （＝全部）となります。

　子が複数いる場合は、子の数で分けます。

③ 代襲相続

　民法 887 条 2 項は、「被相続人の子が、相続の開始以前に死亡したとき、又は第 891 条の規定に該当し、若しくは廃除によって、その相続権を失ったときは、その者の子がこれを代襲して相続人となる。ただし、被相続人の直系卑属でない者は、この限りでない」としています。

　民法 891 条の規定は、欠格の規定です。

　つまり、祖父が死亡したときに、すでに父が死亡しているような場合、孫が父に代わって祖父を相続することになります。これを代襲相続といいます。

　問題となるのは、「被相続人の直系卑属でない者は代襲しない」というただし書きの部分です。

　「子」であって、「被相続人の直系卑属でない者」とは、どういう者でしょうか？

　甲が養親、乙が養子とします。

　乙は、「養子は、縁組の日から、養親の嫡出子の身分を取得する」（民法 809 条）とされています。

　では、ここで、乙の実子である丙がいた場合を考えてみましょう。

イ．乙の子である丙が生まれた。その後、甲と乙が養子縁組をした。

　この場合、丙が生まれた時点では、乙は甲の嫡出子ではありません。

　したがって、丙は、甲の直系卑属とはなりません。

　つまり、甲が死亡したときに、乙がすでに死亡していても、丙は乙を代襲して甲の相続人になることはできません。

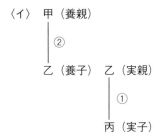

ロ．甲と乙が養子縁組をした。その後、乙の子である丙が生まれた。

　この場合、丙が生まれた時点で、乙は甲の摘出子の身分を取得しています。

　したがって、丙は、甲の直系卑属となります。

　つまり、甲が死亡したときに、乙がすでに死亡していれば、丙は乙を代襲して甲の相続人になることができます。

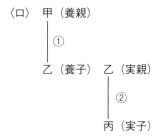

④ 再代襲相続

　子の場合、再代襲相続が認められています。

　民法887条3項が、「前項の規定（＝代襲の規定）は、代襲者が、相続の開始以前に死亡し、又は第891条の規定に該当し、若しくは廃除によって、その代襲相続権を失った場合について準用する」としているためです。

　つまり、第1順位については、直系卑属について、再代襲、再々代襲…が認められています。

　被相続人の孫が代襲相続人となる場合において、その孫も死亡してい

るとき、次は、その孫について生まれてから死亡するまでの戸籍をつなげて、さらに子（曽孫、ひ孫）がいないかを確認しなければならないことになります。

もっとも、実際には、第1順位について再代襲となる事例（曾祖父の相続で、祖父も、父も既に死亡しており、子が相続するような場合）は、かなり珍しいものと思います。

3 第2順位

① 配偶者がいる場合

配偶者が3分の2、直系尊属が3分の1になります。

直系尊属が複数いる場合は、親等の近い者が相続しますが、親等が同じ者がいる場合には、3分の1をその者で分けます。

つまり、父母2人、祖父母が4人（父方2人、母方2人）いるような場合には、第一親等である父母2人が法定相続人となり、父母は「親等が同じ者」になりますから、それぞれが、6分の1ずつとなります。

② 配偶者がいない場合

直系尊属が1分の1（＝全部）になります。

直系尊属が複数いる場合のルールは、①に同じです。

4 第3順位

① 配偶者がいる場合

配偶者が4分の3、兄弟姉妹が4分の1になります。

兄弟姉妹が複数いる場合は、4分の1を兄弟姉妹の数で分けます。

その場合に、被相続人の全血兄弟姉妹（父母の双方が同じ兄弟姉妹）と半血兄弟姉妹（父母の片方が同じ兄弟姉妹）がいる場合は、半血兄弟姉妹の相続分は、全血兄弟姉妹の2分の1になります。

② 配偶者がいない場合

兄弟姉妹が1分の1（＝全部）になります。

兄弟姉妹が複数いる場合も、①と同じです。

③ 代襲相続

兄弟姉妹の場合、代襲相続が認められています。

他方、子の場合と異なって、再代襲相続は認められていません。

兄弟姉妹の代襲相続を定めた民法 889 条 2 項が、子の代襲相続の規定である民法 887 条 2 項の規定を準用しているのですが、子の再代襲相続の規定である民法 887 条 3 項の規定を準用していないからです。

したがって、「甥」「姪」は兄弟姉妹を代襲相続して法定相続人になることはありますが、甥・姪の子は法定相続人にはなりません。

つまり、第 3 順位の相続において、法定相続人を確定する場合、被相続人の死亡時に、兄弟姉妹を代襲相続する甥・姪が既に死亡していることが確認できれば、その甥・姪について、さらに子供がいるか否かを確認する必要はないということになります。

なお、甥・姪が代襲相続したあとに甥・姪が死亡した場合は、第二次相続の発生となり、甥・姪の子は代襲相続した甥・姪を相続しますから、相続手続時において被相続人も甥・姪も双方死亡している場合は、双方の死亡日時の先後には格別の注意が必要です。

6 相続財産※の範囲

※配偶者居住権・配偶者短期居住権を含む

1 プラスの財産とマイナスの財産

　相続の効力は、「相続人は、相続開始の時から、被相続人の財産に属した一切の権利義務を承継する」というものです（民法896条）。

　一切の「権利」「義務」とありますから、プラスの財産ではなく、マイナスの財産も承継します。

　プラスの財産には、以下のようなものがあります（図表1-23）。

　他方、マイナスの財産には、借入金返還債務、保証債務等があります。

図表 1-23　プラスの財産

動産	現金、自動車、貴金属・美術品、衣服…
不動産	土地、建物
物権	用益物権（地上権、永小作権、地役権、入会権） 担保物権（留置権、先取特権、質権、抵当権） 占有権[1]
債権	賃借権（賃貸借契約に基づく債権[2]） 貸金債権（金銭消費貸借契約に基づく債権） 預貯金債権（消費寄託契約に基づく債権） など
有価証券	約束手形、小切手、株券など
無体（知的）財産権	特許権、著作権、商標権、意匠権など

※1　占有権は、物に対する事実的支配を保護する権利です。
※2　貸金庫は、場所の賃貸借契約と解されていますが、貸金庫契約の約款により、お客様の死亡は、契約の終了事由となっています。

　また、被相続人が訴訟をしている途中に死亡したような場合、訴訟上の地位（原告、被告としての地位等）も原則として承継されます。

② 一身専属権

　では、労働者として労務を提供するような債務については、相続の対象になるのでしょうか？

　また、小説家が、出版社とある小説を執筆する契約をしていた場合、その相続人は小説を執筆する義務を相続によって承継するのでしょうか？

　民法 896 条但書は、「被相続人に一身に専属したものは、この限りではない」として、一身専属権については、承継しないこととしています。

　一身専属権として、問題となる権利は、**図表 1-24** のとおりです。

③ 配偶者居住権

① 配偶者居住権の創設
イ．制度趣旨

　相続関係が、**図表 1-25** のとおりであったとします。

　図表 1-25 のような場合、従来の方法では、B が A 名義の自宅である不動産 X に居住を継続することは困難でした。

　なぜなら、A 名義の不動産 X の所有権について、遺産分割審判で B：2 分の 1、C：2 分の 1 として遺産分割が成立したとしても、C がその後に、共有物分割請求（民法 258 条 1 項）をしてきた場合に、最終的には形式競売（民法 258 条 2 項）により、不動産 X が処分される可能性があったからです。

　仮に、A が、「すべての財産は、B に相続させる」と遺言をしても、C には遺留分侵害額請求権（94 頁参照）（1 億円 ×1/4 ＝ 2,500 万円）があります。

　このような問題点を解決するために、令和 2 年 4 月 1 日以降に発生した相続について、配偶者居住権という権利が設定できるようになりま

図表 1-24　一身専属権として問題となる権利

問題となる権利・義務等	説明
身元保証	相続の対象ではありません（大判昭和18年9月10日）ただし、相続時に既に発生していた債務は相続されます。
信用保証[※1]	相続の対象ではありません（最二判昭和37年11月9日）ただし、相続時に既に発生していた債務は相続されます。
配偶者居住権	民法1036条が民法597条3項を準用しています。
配偶者短期居住権	民法1041条が民法597条3項を準用しています。
扶養に関する権利義務	直系血族と兄弟姉妹間等の相互扶養義務（扶養側から見た場合は権利）（民法887条以下）は、原則として、相続の対象ではありません。
雇用契約上の地位	一般的に労働契約は属人的要素が大きいため相続の対象ではありません（民法625条）。
組合員の地位	死亡により組合からは脱退となります（民法679条4号）。
芸術家・小説家の給付義務	依頼者は、芸術家・小説家の属人的要素に基づき依頼しているため、相続の対象ではありません。
使用貸借権	原則として[※2]、相続の対象ではありません。民法597条3項が借主の死亡を使用貸借の終了事由としています。
ゴルフ会員権	預託金会員制ゴルフクラブの会員の会員資格喪失につき当該クラブの会則中に、会員が死亡したときはその資格を失う旨の定めがあるときは、右クラブの会員たる地位は一身専属的なものであって、相続の対象となりえない。（最二判昭和53年6月16日）

※1　責任の限度額ならびに保証期間の定めのない根保証
　　現在は、ほとんどのケースで、貸金等根保証債務により立法的に解決されました。
※2　物を無償で貸すという個人的な信頼関係が借主の相続人にも承継されるようなケースでは例外的に相続されることもあり得ます。
　　例えば甲と乙が、土地を共有しています。その土地の上に、甲の単独所有の建物が建っており、甲は土地の公租公課を乙の分まで支払っています。そのような状態で甲が死亡して相続が発生したような場合が想定されます。

図表 1-25　配偶者居住権の活用が想定されるケース

被相続人 A の法定相続人は、B（法定相続分 2 分の 1）及び C（法定相続分 2 分の 1）。
被相続人 A には、不動産 X（評価額 1 億円）以外に相続財産はなく、遺言もない。
B は年金暮らしであり、特に貯蓄はない。
B と C は、犬猿の仲である。

した（民法 1028 条以下）。

　また、上記の例と異なり、A が不動産 X の他に金融資産を遺した場合、B は、不動産 X の所有権を取得するよりも低額で居住権を確保することで、一定程度の生活費も確保できるようになりました。

ロ．配偶者居住権の成立要件

　配偶者居住権の制度は、不動産 X の所有権を「配偶者居住権」と「配偶者居住権の負担付きの所有権」の 2 つに分けて、それぞれ配偶者とその他の相続人が相続できるという制度です。

　以下では、**図表 1-25** を基にして、B が不動産 X の配偶者居住権、C が不動産 X の所有権を相続するという前提で解説していきます。

　配偶者居住権の成立要件は、以下の 2 点です。

　イ．被相続人（A）の配偶者（B）が、被相続人の財産に属した建物に相続開始の時に居住していたこと（民法 1028 条 1 項本文）

　ロ．その建物について配偶者（B）に配偶者居住権を取得させる旨の、遺産分割（B と C の間。審判でも可能）、遺贈（A→B）または死因贈与（A→B）がなされたこと（民法 1028 条 1 項 1 号、同項 2 号、554 条）です。

　これにより、不動産 X の価値（1 億円）は、概要 2 分割されます。

なお、下記の計算は法定相続分を前提としていますが、実務上はBの年齢（平均余命）によって、配偶者居住権の価値は大きく異なる点に注意が必要です。

　・Bが取得する配偶者居住権の価値＝5,000万円
　・Cが取得する不動産Xの価値
　　＝所有権（1億円）－配偶者居住権の負担分（5,000万円）
　　＝5,000万円

なお、配偶者居住権は、配偶者Bが不動産Xの建物を使用・収益する権利であるため、建物だけに対しての権利とも考えられますが、建物を使用・収益するということは必然的にその敷地も利用することになるので、配偶者居住権を取得するということは、配偶者居住権に基づく建物の敷地使用権も一緒に取得することになります。

② 配偶者居住権の効果

配偶者居住権は、配偶者が、原則として終身の間（民法1030条）、居住建物の全部について「無償で使用及び収益をする権利」（民法1028条1項本文）です。

使用及び「収益」ですから、Bが特別養護老人ホーム等に入居する場合には、居住建物の所有者（C）の承諾を得て、賃料収入を得ることもできます（民法1032条3項）。

③ 賃借権との比較

配偶者居住権は、物権ではなく不動産所有者に対する債権として、不動産賃借権（建物）と類似するものです。

不動産登記は、権利部が、甲区と乙区に区分され、甲区には所有権に関する登記の登記事項が、乙区には所有権以外の権利に関する登記の登記事項がそれぞれ記録されます。

配偶者居住権は、乙区に記録されることになります。

配偶者居住権と不動産賃借権（建物）との比較をまとめておきます（図表1-26）。

図表 1-26　配偶者居住権と不動産賃借権（建物）との比較

比較項目	配偶者居住権	不動産賃借権（建物）
成立	遺産分割、遺贈または死因贈与による	賃貸借契約による
賃料	無償（賃料の支払は不要）	有償（賃料の支払が必要）
権利の存続期間	原則として配偶者の終身遺産分割で別段の定めをすることは可能	賃貸借契約によるただし、借地借家法の適用がされるため、賃貸人（所有者）からの解約は定期借家契約を除いては事実上困難
登記請求権	認められる（民法 1031 条 1 項、不動産登記法 63 条 1 項）	認められない（大判大 10 年 7 月 11 日民録 27 輯 1378 頁）
第三者対抗要件	登記のみ	登記または引渡（事実上は引渡がほとんど）
譲渡性	ない（民法 1032 条 2 項）	賃貸人（所有者）の承諾があれば可
第三者への賃貸	所有者の承諾があれば可（民法 1032 条 3 項）所有者の承諾がなければ不可[※1]	賃貸人（所有者）の承諾があれば可賃貸人（所有者）の承諾がない場合には、原則不可[※2]
相続性	ない配偶者の一身専属権である（民法 1036 条、597 条 3 項）	ある賃借人の一身専属権ではない
費用負担（固定資産税）	配偶者が負担建物所有者が納付した場合は、配偶者へ求償可能	賃貸人（所有者）が負担
修繕権及び費用負担（修繕費）	配偶者に第 1 次的修繕権費用負担は、配偶者（民法 1033 条 1 項、1034 条 1 項）	賃貸人（所有者）に第 1 次的修繕権費用負担は、賃貸人（所有者）

※1　所有者の承諾に代わる裁判所の許可のような制度は、設けられていない。
※2　賃借人による第三者への賃貸が、賃貸人（所有者）に対する「背信行為」であると認めるに足りない特段の事情があるときは、解除することができない（最二判昭和 28 年 9 月 25 日民集 7 巻 979 頁）

④ 配偶者居住権の登記手続

　配偶者居住権は、登記をしなければ、第三者に対抗することができません。

　金融機関が、**図表 1-25** の不動産 X に抵当権を設定したとき、配偶者

居住権の登記がなければ、金融機関が抵当権の設定により把握することができる不動産Xの交換価値は1億円になりますが、配偶者居住権の設定登記があれば、その価値は「不動産Xの交換価値1億円－配偶者居住権の価値5,000万＝5,000万円」となります。

したがって、配偶者居住権においては、登記手続が重要になります。

配偶者居住権の登記手続について、表にまとめておきます（図表1-27）。

図表1-27　配偶者居住権の登記手続

登記の目的	配偶者居住権設定
原因	○年○月○日設定[※1]
存続期間	配偶者居住権者の死亡時まで[※2]
権利者	B（の住所・氏名）
義務者	C（の住所・氏名）
登録免許税	建物の固定資産税評価額 × 0.2%
添付書面	登記原因証明情報（遺言書、遺産分割協議書、死因贈与契約書等） 登記識別情報 印鑑登録証明書

※1　遺産分割、遺贈または死因贈与の効力発生日になる。
　　　遺産分割審判の場合には、審判の確定が必要になる。
※2　期間を設定することも可能である（民法1030条ただし書き）

4 配偶者短期居住権

① 配偶者短期居住権の創設

イ．制度趣旨

相続関係が、図表1-28のとおりであったとします。

このような場合、BはAの占有補助者としてX建物を使用（居住）していたことになるため、Aが死亡した場合には、別途占有権限を新たに取得しない限り、X建物を無償で使用（居住）することができません。

図表 1-28　配偶者短期居住権の活用が想定されるケース

　被相続人 A の法定相続人は、B（法定相続分 4 分の 3）及び A の兄弟姉妹（法定相続分は合計で 4 分の 1）。
　A の兄弟姉妹の中には既に死亡している者もおり、甥・姪が代襲相続するため、法定相続人の数が多く、遺産分割までには相当の時間がかかる。

図表 1-29　配偶者短期居住権の存続期間

ケース	存続期間
居住建物が配偶者を含む相続人間で遺産分割の対象となる場合（ほとんどのケース）	①か②のいずれか「遅い」日まで ①遺産分割により居住建物の帰属が確定した日 ②相続開始の時から 6 カ月を経過する日
配偶者が居住建物について遺産共有持ち分を有しない場合（極めて稀なケース※1）	居住建物取得者※2 による消滅の申入れがあった日から 6 カ月を経過する日まで

※ 1　居住建物が、配偶者以外の相続人や第三者に遺贈された場合等である。
　　　図表 1-28 で A が、不動産 X を B 以外に遺贈した場合等である。
　　　その他、配偶者が相続放棄をした場合が想定される。
※ 2　図表 1-28 で、B が相続放棄をした場合、不動産 X の居住建物取得者は、A の兄弟姉妹（代襲相続人たる甥・姪を含む）になるが確定的ではない。
　　　なぜなら、その後、兄弟姉妹（代襲相続人たる甥・姪を含む）も全員相続放棄する可能性があるからである。このような場合は、「亡 A 相続財産」が居住建物取得者になるため、亡 A 相続財産管理人が、B に消滅の申入れを行うことになろう。

　この点、判例（最三判平成 8 年 12 月 17 日民集 50 巻 10 号 2778 頁）は、「共同相続人の一人が相続開始前から被相続人の許諾を得て遺産である建物において被相続人と同居してきたときは、特段の事情のない限り、被相続人と右の相続人との間において、右建物について、相続開始時を始期とし、遺産分割時を終期とする使用貸借契約が成立していたものと推認される」としています。

　しかし、この判例による保護は、A の推定的意思によるものですから、

「特段の事情」を巡って争いになる可能性も否定できません。

　そこで、Aの意思にかかわらずBの短期的な居住権を保護するため、配偶者短期居住権が創設されました（民法1037条以下）。

ロ．配偶者短期居住権の成立要件

　配偶者短期居住権は、「配偶者が、被相続人の財産に属した建物に相続開始の時に無償で居住していた場合」に成立します(民法1037条1項)。

② 配偶者短期居住権の効果

　配偶者短期居住権は、以下の存続期間、配偶者が、居住建物の取得者に対して、居住建物について無償で使用する権利です。

　配偶者と居住建物取得者との間の法律関係は、ほぼ使用貸借と同じです。

5 相続財産に含まれない財産

　上記2の「一身専属権」は、相続財産が承継されるか、否かという問題ですが、そもそも、「相続財産か、否か」ということが問題となる財産があります。

　例えば、生命保険請求権を考えてみましょう。

　生命保険契約では、①保険契約者（誰が契約したか）、②被保険者（誰が死亡したときに保険金がもらえるか）、③保険受取人（誰が保険金をもらえるか）、の3つが重要です。

　被相続人が、自分を被保険者として生命保険をかけた場合で、保険受取人を自分としていた場合、被相続人の保険金請求権は相続財産として、相続されます。

　他方、被相続人が、自分を被保険者として生命保険をかけた場合で、保険受取人を相続人のうちの一人としていた場合は、保険金請求権は、相続財産となるのではなく、その相続人の固有財産となります（最一判平成14年11月5日民集56巻8号2069頁参照）。

　つまり、その相続人は、保険金請求権を自己固有の権利として保険金

を請求することになるのです。

　その他、相続財産に含まれるか否かが問題となる権利は、**図表 1-30**のとおりです。

図表 1-30　相続財産に含まれるか否かが問題となる権利

問題となる権利・義務等	説明
死亡退職金	判例上、「死亡退職金支給規程に、受給権者の範囲、順位につき民法の規定する相続人の順位決定の原則とは異なる定め方がされている場合には、右死亡退職金の受給権は、相続財産に属さず、受給権者である遺族固有の権利である」（最一判昭和 55 年 11 月 27 日）とされていますが、支給規程によります。
遺族年金	遺族の生活救済を目的とするものですから、受給者固有の権利であると解釈されているため、相続財産ではありません。
系譜、祭具及び墳墓の所有権	祭祀に関する権利の承継は、民法 897 条が「慣習に従って祖先の祭祀を主宰すべき者が承継する」としており、系譜、祭具及び墳墓は相続財産ではありません。
香典	一般的に喪主に対する贈与とされておりますので、相続財産ではありません。
葬儀費用	一般的に喪主（相続人）が支払うべき債務とされておりますので、相続財産ではありません。[※1]

※ 1　相続税の計算において、相続財産から控除できる場合があります。

7 遺言

1 遺言による相続の基本

　遺言とは、被相続人である遺言者の生前の意思によって、相続の効力を定めるという制度です。

　もっとも、配偶者、子（第1順位）、直系尊属（第2順位）には、遺言によっても相続人から奪うことのできない「遺留分」というものがありますが、これについては、後述します（第1章8遺産分割5遺留分参照）。

　遺言による相続の基本は、**図表1-31**のとおりです。

2 遺言能力

① 遺言ができる年齢

　遺言をするためには、遺言をする能力が必要です。

　これを遺言能力といいます。

　民法961条は、「15歳に達した者は、遺言をすることができる」としていますので、遺言能力は、15歳から認められることになります。

　一方、民法は、行為能力制限者として、未成年者を定めています。

　民法5条1項は、「未成年者が法律行為をするには、その法定代理人の同意を得なければならない」としていますが、この条文については、民法962条が適用を排除しています。すなわち、15歳から有効な遺言ができることになります。

図表 1-31　遺言による相続の基本

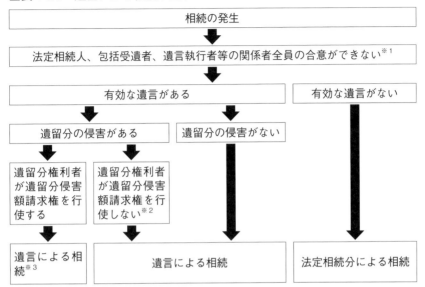

※ 1　関係者全員が合意すれば、遺言や法定相続と異なる遺産分割が可能です。
※ 2　遺留分を侵害する遺言であっても、その全部が有効です。
　　　遺留分侵害額請求権は、「権利」であって、請求する・しないは遺留分権者の自由だからです。
※ 3　平成 30 年改正前相続法においては、遺留分減殺請求権の行使により、当然に遺贈または贈与の一部が無効となり、財産の一定割合が請求者に移転していました（物権的効果）。
　　　平成 30 年の相続法改正により、「遺留分減殺請求権」は、「遺留分侵害額請求権」という金銭債権になったため、遺留分減殺請求後の共有物分割請求や、目的物引渡請求をする必要がなくなりました。遺言による相続がなされたうえで、あとは遺留分権者との間で金銭解決ということになります。

② 遺言と行為能力

　同じく、行為能力制限者の条文である民法 9 条（成年被後見人）、民法 13 条（被保佐人）、民法 17 条（被補助人）の条文は、やはり、遺言については適用が排除されています。

　行為能力の制限は、行為能力制限者の保護を一つの目的としますが、

遺言の場合は、遺言の効力が発生した場合には、保護されるべき遺言者は既にいません。

　したがって、行為能力制限の適用をするよりは、むしろ、できる限り本人の生前の意思を尊重しようというのが、遺言に行為能力の制限の規定を適用しない理由です。

③ 遺言と意思能力

　もっとも、満15歳以上であっても意思能力である「事理弁識能力」は必要になります。

　事理弁識能力とは、「自己の行為の結果を正しくわきまえて、認識する能力」のことです。

　そうすると、成年後見を受けている成年被後見人は、「精神上の障害により事理を弁識する能力を欠く常況にある者」（民法7条）ですから、通常は、遺言能力がないことになります。

　しかし、成年被後見人であっても、事理弁識能力を一時的に回復することがあります。

　このような場合は、成年被後見人でも遺言をすることができます。

　民法973条1項で、「成年被後見人が事理を弁識する能力を一時回復した時において遺言をするには、医師二人以上の立会いがなければならない」とし、さらに、2項本文では、「遺言に立ち会った医師は、遺言者が遺言をする時において精神上の障害により事理を弁識する能力を欠く状態になかった旨を遺言書に付記して、これに署名し、印を押さなければならない」として、厳格な手続を要求していますが、成年後見人でも、事理弁識能力を一時的に回復した場合は、遺言ができるのです。

３ 遺言の方式

① 要式行為性

　民法は、どのように遺言をするかについて、遺言の方式を厳格に定めています。

図表 1-32　無効な遺言の例

無効な遺言の例	説明
録音による遺言	間違いなく本人の声であったとしても無効です。
遺言全体がワープロによる遺言※	自筆証書遺言としては無効です。 ただし、秘密証書遺言の方式を満たしていれば、有効です。
電子メールによる遺言	遺言は、「紙」の上になされることが前提です。

※　相続法改正により、財産目録については、自書が不要になりました。
　　この場合は、財産目録の各ページに遺言者が署名かつ捺印をする必要があります（民法 968 条 2 項）。

　そして、民法が定める遺言の方式以外で作成された遺言は全て無効になります。

　これを遺言の要式行為性といい、民法 960 条は、「遺言は、この法律に定める方式に従わなければ、することができない」としています。

　図表 1-32 に例示する遺言は、遺言者の意思を表しているとはいえますが、全て、無効な遺言になります。

　民法が、遺言について、極めて厳格な要式性を求めているのは、遺言者の意思が真意から出たものであることを確保するとともに、後の変造・偽造を防ぐためです。

② 遺言の種類

　遺言は、厳格な要式行為なので、民法が認める方式以外ですることはできません。

　民法が認める遺言の方式を分類すると、以下のとおりになります。

　遺言の種類は、まず、普通方式と特別方式に分かれます。

　ほぼ全ての遺言は、普通方式です。

　普通方式は、「自筆証書遺言」「公正証書遺言」「秘密証書遺言」の 3 つに分かれます。

　特別方式は、「危急時遺言」「隔絶地遺言」に分かれます。

　「危急時遺言」は、死亡が差し迫って、自筆証書遺言を作成できない

図表 1-33　遺言の種類

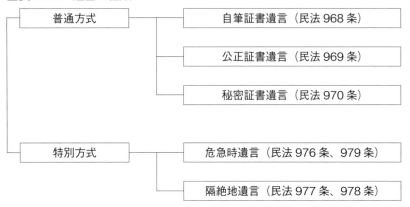

ときに主に用いられます。

　「隔絶地遺言」は、隔絶地にいるために、公証人と証人が必要な公正証書遺言と秘密証書遺言を作成できないときに主に用いられます。

　もっとも、実例はほとんどなく、本書では普通方式の遺言を説明します。

　これを図にすると、図表 1-33 のとおりです。

4 自筆証書遺言

　自筆証書遺言とは、自分だけで作成できるもっとも簡単で手軽な遺言です。

① 自筆証書遺言の方式

　自筆証書遺言は、「遺言者が、その全文、日付及び氏名を自書し、これに印を押さなければならない」（民法 968 条 1 項）とされています。

　封印は、必須ではありませんが、封印のある遺言については、「封印のある遺言書は、家庭裁判所において相続人又はその代理人の立会いがなければ、開封することができない」（検認手続を定める民法 1004 条 3 項）とされています。

図表 1-34

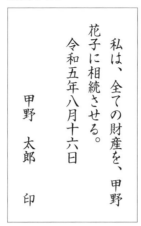

私は、全ての財産を、甲野
花子に相続させる。
令和五年八月十六日

甲野　太郎　印

要件としては、

　イ．遺言者が、全文を自分で書くこと
　ロ．遺言者が、日付を自分で書くこと
　ハ．遺言者が、氏名を自分で書くこと
　ニ．遺言者が、印を押すこと
の４つです。

　逆にいえば、これだけの要件を満たせば自筆証書遺言は可能ですから、**図表 1-34** のような遺言も有効です。

　兄弟姉妹には遺留分がありませんから、子（第１順位）、親（第２順位）のいない、高齢者の夫婦においては、配偶者に全ての財産を相続させたい場合には、**図表 1-34** のような遺言を遺しておくべきでしょう。

　そうすれば、残された配偶者は、１人で相続手続ができます。

② 財産目録の自書

　旧相続法においては、自筆証書遺言は財産目録も含めて、全文について遺言者が自書しなければなりませんでした。

　そうすると、不動産目録（特に、敷地権設定のあるマンション）や、預

75

貯金目録については、自書するのに相当の体力と時間がかかりますし、記載ミスもありました。

　そこで、改正相続法においては、全文の自書を原則としつつも（民法968条1項）、財産目録については、自書でなくともよいとしました（民法968条2項）。

　つまり、不動産であれば、不動産登記情報、預貯金であれば、通帳の見返し面のコピーを財産目録として遺言書に添付することが可能になりました。

　この場合においては、「遺言者は、その目録の毎葉（自書によらない記載がその両面にある場合にあっては、その両面）に署名し、印を押さなければならない」（民法968条2項）とされています。

　遺言書の本文と添付される財産目録の間の「契印」は求められていません。

　また、遺言書本文の「印影」と、財産目録の「印影」の同一性も求められていません。

　したがって、**図表1-35** のような自筆証書遺言も、改正相続法により有効な遺言になります。

図表1-35　改正相続法により有効になる自筆証書遺言の例

（行書体部分が、自書である。）

遺言書の本文(全部自書)	不動産目録	預貯金目録

〔別紙不動産目録〕
不動産登記情報の
コピー
・・・・・

甲野　太郎　印

〔別紙預貯金目録〕
通帳の見返し面の
コピー
・・・・・

甲野　太郎　印

遺言書
私は、別紙不動産目録記載の不動産を配偶者○○に、別紙預貯金目録記載の預貯金を子△△に相続させる。
令和五年七月二十三日
甲野　太郎

　なお、「目録を添付」（民法 968 条 2 項）ですから、自書によらない財産目録は本文が記載された自筆証書とは別の用紙で作成して、添付される必要があります。

　したがって、本文が記載された自筆証書と同一の用紙に、自書によらない財産目録の記載をすることはできません。

③ 検認手続

　金融機関の貸金庫の中から、封印された遺言書が見つかった場合、その場で開封しても問題はないのでしょうか？

　もし、遺言書が、公正証書遺言以外の遺言であれば、家庭裁判所での検認（けんにん）手続が必要になります（民法 1004 条 1 項、2 項）。

　そして、民法 1004 条 3 項は、「封印のある遺言書は、家庭裁判所において相続人又はその代理人の立会いがなければ、開封することができない」としているため、勝手に封印のある遺言書を開封することはできません。

　では、封印のある遺言書を開封してしまった場合はどうなるのでしょうか？

　検認手続の意義が問題となります。

　よくある勘違いが、「検認手続を経た遺言書は有効な遺言書である」というものです。

　検認について、裁判所のホームページでは、

　「検認とは、相続人に対し遺言の存在及びその内容を知らせるとともに、遺言書の形状、加除訂正の状態、日付、署名など検認の日現在における遺言書の内容を明確にして遺言書の偽造・変造を防止するための手続です。遺言の有効・無効を判断する手続ではありません」

　と解説しています。

　したがって、封印のある遺言書を勝手に開封したとしても、遺言の有効・無効に直接影響があるわけではありません。

　あとで、その遺言書を巡って、「偽造であり、無効だ！」「自分に有利

な遺言書と差し替えたに違いない」といったような争いが相続人間で発生したときに、「どうして検認手続を経ずに封印のある遺言書を勝手に開けたのか？」について、説明を求められるに過ぎません。

民法上は、「5万円以下の過料」となっています（民法1005条）が、実際には、勝手に開封すると、「遺言書の有効性を巡る争いで不利になる」ことのほうが影響が大きいと思います。

また、検認手続では、検認調書が作成されます。

そして、そこには、各相続人の申述内容が記録されていますから、それを読めば、金融機関としては、遺言について各相続人の考え方が分かります。

例えば、ある相続人が、「この遺言書の日付のときには、母は認知症で入院していました。この遺言書は、無効です」とか、「この遺言書の筆跡は母とは異なります」とか申述していれば、相続をめぐる相続人間の紛争が予想されます。

④ 遺言書保管法による自筆証書遺言の取扱い

平成30年改正相続法と同時に成立した遺言書保管法（法務局における遺言書の保管等に関する法律）が、令和2年7月10日に施行されています。

同法に基づく手続の概要は、**図表1-36**のとおりです。

遺言書情報証明書の見本は、**図表1-37**のとおりです。

この制度の特徴としては、

・家庭裁判所における検認が不要（遺言書保管法11条）

・遺言書の紛失や隠匿等の防止

・相続人による遺言書の存在の把握が容易

といった点にあります。

金融機関の窓口には、遺言書原本が呈示されるのではなく、遺言書情報証明書が呈示されます。

遺言書情報証明書の呈示があったからといって、「遺言自体が有効である」ということにはならない点は、注意が必要です。

　もっとも、遺言者が、自筆証書保管制度を利用する場合には、遺言書保管所において厳格な本人確認手続（遺言書保管法 5 条）がなされ、自筆証書遺言の形式面のチェックが行われます。

　また、遺言者が、自筆証書保管制度を利用する場合には、

　・遺言者自らが遺言書保管所まで行くこと

が必要ですから、本人の自書や遺言能力の有無を巡って、遺言書の有効性が問題となる可能性は、通常の自筆証書遺言よりはかなり低いものと思われます。

図表 1-36　遺言書保管法による手続

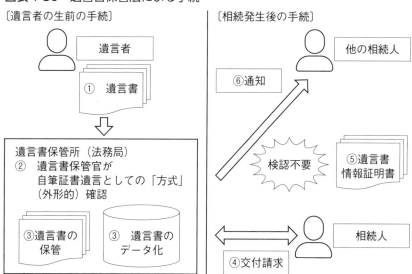

① 　遺言者が、自筆証書遺言を作成する。
② 　遺言者が、遺言書保管所に①の自筆証書遺言を提出し、遺言書保管官が自筆証書遺言としての有効性（方式）を確認する。
③ 　遺言書保管所で、遺言書が保管され、同時にデータ化される。
④ 　遺言者の死亡（＝相続発生）後に、相続人が、遺言書情報証明書の交付を請求し、遺言書保管所は、遺言書情報証明書を交付する。
⑤ 　当該相続人は、遺言書情報証明書を入手する。
⑥ 　④があった場合は、遺言書保管官は、他の相続人に対して、概要、「遺言書を保管しています」という旨の通知をする。

図表 1-37　遺言書情報証明書

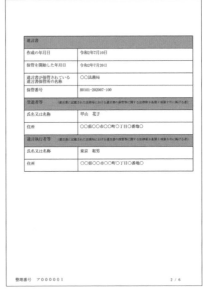

5 公正証書遺言

　公正証書遺言は、遺言の専門家である公証人が、その内容についても関与の上、作成される遺言で、手間と費用はかかりますが、比較的確実・安全な遺言です。

① 公正証書遺言の方式

　公正証書遺言は、公証人が、遺言者の口述を筆記するというのが基本ですが、民法上は、以下の方式が定められています。

　民法969条は、

　イ．証人2人以上の立会いがあること

　ロ．遺言者が遺言の趣旨を公証人に口授すること

　ハ．公証人が、遺言者の口述を筆記し、これを遺言者及び証人に読み聞かせ、または閲覧させること

　ニ．遺言者及び証人が、筆記の正確なことを承認した後、各自これに署名し、印を押すこと

　ホ．公証人が、その証書は前各号に掲げる方式に従って作ったものである旨を付記して、これに署名し、印を押すこと。

と5つの要件を定めています。

② 公正証書作成遺言の実際

　では、実際に公正証書遺言を作成する場合は、どうすればよいのでしょうか？

　証人に親しい人を依頼すれば、遺言の内容が分かってしまいます。

　それで、実際には、守秘義務を負う弁護士や司法書士に依頼することが多いのですが、例えば、弁護士に依頼した場合の手順は以下のとおりです。

　イ．弁護士にどのような遺言にしたいのか希望する遺言書の内容を伝えます

　　　特に、財産目録の作成、推定相続人の確認等は慎重に行います。

　　　そして、その際に、弁護士は、依頼者である遺言者が遺言能力を

持っているか、確認します。

　弁護士と依頼者が打ち合わせした結果、遺言の案ができます。

ロ．弁護士が、公証人と、イで作成した案を基に、事前の打ち合わせをします

　公証人が、公正証書遺言の案を作成します。

　そして、公証人と公証役場に行く日時を決めます。

ハ．公証役場に、遺言者が行きます。

　依頼を受けた弁護士1名と、同じ事務所に所属する他の弁護士等のもう1名が一緒に行きます。

　この2名が、証人になります。

ニ．公証役場につくと、公証人が、本人確認をします

　遺言者については、印鑑証明書で本人確認をします。

ホ．公証人があらかじめ作成しておいた公正証書の案について、遺言者の意思に間違いがないかを遺言者に確認します。

　その際に、公証人は、遺言者とのやり取りから、遺言能力の有無を確認します。

ヘ．遺言者が、公証人に「間違いありません」と伝えると、遺言者と証人が署名、捺印をして、公証人がさらに署名、捺印をします

ト．公正証書遺言の「原本」は公証役場に保管されます

　遺言者が受領するのは、「正本」または「謄本」です。

　「正本」は、「原本」の認証付きの写しですが、通常は1通だけ発行されます。

　「謄本」は、「原本」の認証付きの写しですが、何通でも発行してもらえます。

チ．実際に、遺言者が死亡したときは、近くの公証役場に赴けば、どの公証役場に公正証書遺言があるか分かる仕組みになっています。

6 秘密証書遺言

　自筆証書遺言は、遺言の内容を第三者に分からないようにしておくことができますが、遺言者の死後、発見されない可能性や隠匿、変造・偽造のおそれが高いというデメリットがあります。

　公正証書遺言は、そのようなデメリットはありませんが、遺言の内容が公証人と証人 2 人に分かってしまいます。

　そこで、このようなデメリットを回避するために、秘密証書遺言があります。

① 秘密証書遺言の方式

　秘密証書遺言の方式は、民法 970 条によれば、

　イ．遺言者が、その証書に署名し、印を押すこと

　ロ．遺言者が、その証書を封じ、証書に用いた印章をもってこれに封印すること

　ハ．遺言者が、公証人一人及び証人二人以上の前に封書を提出して、自己の遺言書である旨並びにその筆者の氏名及び住所を申述すること

　ニ．公証人が、その証書を提出した日付及び遺言者の申述を封紙に記載した後、遺言者及び証人とともにこれに署名し、印を押すこと

の 4 つです。

② 秘密証書遺言の特徴

　秘密証書遺言の特徴としては、「遺言者が、その証書に署名し、印を押すこと」となっており、自筆証書遺言と異なり、遺言本文の自筆は求められていません。

　したがって、ワープロで印字した紙に署名、捺印しても作成できます。

　また、封印後に、公証人と証人 2 人が関与しますから、遺言書の内容は自分以外の誰にも分かりません。

7 普通方式の遺言3種類の長所と短所

　ここで、自筆証書遺言、公正証書遺言、秘密証書遺言の3種類について、その長所と短所をまとめておきましょう（図表1-38）。

　もっとも、遺言書保管法による自筆証書遺言は、従来の自筆証書遺言の短所をカバーする制度ですから、今後は、遺言書保管法による自筆証

図表1-38　遺言書の調書と短所

遺言の方式	特徴	説明等
自筆証書遺言	長所	・作成が簡単（手軽）である。 ・費用がかからない。 ・遺言の存在、遺言の内容を秘密にできる。
	短所	・自らが紛失することがある。 ・第三者（特に遺言に不満をもった相続人）が、隠匿、変造、偽造する可能性がある。 ・方式を誤ったことにより、無効となる可能性がある。 ・遺言の本文が不明確になり、効力が問題となる可能性がある。 ・遺言能力を巡る相続人間の争いが発生しやすい。
公正証書遺言	長所	・公正証書の原本は、公証役場に保管される。 　したがって、隠匿、変造、偽造のおそれがない。 ・公証人が、遺言の本文の作成に関与するため、遺言の本文が不明確になることは少なく、効力が問題となる可能性は低い。 ・遺言能力を巡る相続人間の争いが起こりにくい。
	短所	・作成に手間と費用がかかる。 ・公証人と証人2人に遺言の内容を知られることになる。
秘密証書遺言	長所	・遺言の本文は、ワープロでもよい。 ・遺言の内容を公証人と証人2人にも秘密にできる。 ・遺言の変造、偽造のおそれが少ない。 ・遺言能力を巡る相続人間の争いが比較的起こりにくい。
	短所	・作成に手間と費用がかかる。 ・遺言者の死亡後に、第三者が隠匿する可能性がある※。 ・遺言の本文が不明確になり、効力が問題となる可能性がある。

※　公正証書の場合は、第三者が「正本」「謄本」を隠匿しても、公証役場で「謄本」の交付を再度受ければ、遺言の復元は可能である。
　　しかし、秘密証書遺言の場合は、遺言の復元は不可能である。
　　遺言の隠匿は、相続欠格になるが、被相続人である遺言者と同居していた相続人が、秘密証書遺言を隠匿した上で、「遺言書は、見つからなかった」と主張すると、同居していない他の相続人が、隠匿を立証するのは極めて困難である。

書遺言が増えていくものと思われます。

⑧ 遺言の有効性（実際の例）

遺言の有効性は、相続人の間で非常に激しく争われることがあります。

特に、自筆証書遺言は、遺言の方式を巡って争いになることが多く、数多くの判例の蓄積がありますし、また、実務上、よくある問題もあります。

簡単にご紹介しておきます（図表 1-39）。

図表 1-39　遺言の有効性を巡り問題となったケース

問題となった例	説明（有効か無効か等）
夫婦連名の遺言	無効 民法 975 条（共同遺言の禁止）
カーボン紙による複写の遺言	有効
他人が下書きした遺言	遺言者が下書きをきちんと理解した上で、遺言書を自筆すれば、有効
氏または名だけの遺言	遺言書の全体から、個人が特定できれば、有効
押印が三文判	有効
押印が拇印（指印）	有効
押印が花押（サイン）	無効（最二判平成 28 年 6 月 3 日民集第 70 巻 5 号 1263 頁）
他人が遺言者の目の前で押印	押印が遺言者の意思によるものであれば、有効
遺言者が入院していたため、遺言者の指示で、自宅にあった遺言書に、印章を持ち帰って押印した	有効
日付が、「還暦の日」「銀婚式の日」	日付が特定できれば有効
日付が、「令和○年○月」	他に遺言がなく、遺言の先後が問題とならなくても無効
日付が、「令和○年○月吉日」	無効
日付が、スタンプの自筆証書遺言	無効 日付を含めて、自筆が求められる。
複数の自筆証書遺言が糊付けされているが、契印等はない	有効
遺言書本体に押印はないが、封印された封筒に押印がある	有効
財産の大半を占める不動産目録を第三者がワープロで作成してこれを添付	かつては、無効であったが、改正相続法により不動産目録に遺言者が署名・捺印をすれば有効（民法 968 条 2 項）

8 遺産分割

1 遺産分割の基本

① 遺産分割

　相続人が複数いる場合、相続の発生によって、被相続人の遺産は相続人全員の共有となります。民法898条は、「相続人が数人あるときは、相続財産は、その共有に属する」と定めています。

　共有状態のままであると、共有物の変更（処分などを含みます）については、共有者全員の同意が必要となりますし、共有物の管理についても保存行為を除けば、持分の過半数で決定しなくてはならず、非常に面倒になります。

　そこで、この共有状態を解消して、被相続人から相続した遺産を各相続人に分配して、各相続人の単独所有にしていくのが普通です。

　これを、遺産分割といいます

② 遺産分割の禁止

　もっとも、被相続人は、遺言で、「相続開始の時から5年を超えない期間を定めて、遺産の分割を禁ずることができる」ことになっています（民法908条）。

　例えば、推定相続人の一人が未成年者であり、その子の成長を待って自分自身で遺産分割協議に参加してもらいたい、というような場合には、遺産分割を禁止する意味があります。

　その他、家業を営む不動産について、「家業をそのまま誰かに継いで

欲しい」という被相続人の遺志が遺産分割の禁止という形で表れること
があります。

しかし、一般的にはあまり多くはありません。

③ 配偶者居住権、配偶者短期居住権の創設

平成 30 年改正相続法では、配偶者居住権や配偶者短期居住権が創設
されました。

配偶者短期居住権は、原則として遺産分割までの暫定的な権利ですが、
配偶者居住権は、不動産登記も可能な権利になります。

したがって、遺産分割においては、配偶者居住権の設定も可能になり
ました。

2 遺産分割の手続と方法

① 遺産分割の手続

民法は、遺産分割について「遺産の分割は、遺産に属する物又は権利
の種類及び性質、各相続人の年齢、職業、心身の状態及び生活の状況そ
の他一切の事情を考慮してこれをする」（民法 906 条）とのみ定めてい
ます。

つまり、遺産を具体的にどのように分割するかは、各遺産分割の手続
で決まります。

遺言により分割方法が指定されている場合もあり、このような場合は、
遺言による指定が優先しますが、当事者全員が合意すれば、遺言と異な
る遺産分割も可能とされています。

そして、遺言による指定もなく、当事者の協議も調わない場合には、
家庭裁判所で遺産分割の調停・審判となります。

したがって、遺産分割の手続には 3 つの方法があることになります（図
表 1-40）。

② 遺産分割の方法

指定分割を除き、協議分割や調停・審判分割においては、どのように

図表 1-40　遺産分割の方法

遺産分割の方法	説明・条文
指定分割	被相続人の遺言による遺産分割（民法 908 条）
協議分割	相続人等の当事者の協議による遺産分割（民法 907 条 1 項）
調停・審判分割	家庭裁判所の調停・審判による遺産分割（民法 907 条 2 項）

図表 1-41　遺産分割の方法

遺産分割の方法	説明
現物分割	現存する遺産をそのまま相続人間で分配する。
換価分割	遺産を売却して、売却代金を相続人間で分配する。
代償分割	特定の相続人が、遺産を多く承継する代わりに、他の相続人に現金を支払って、過不足分を調整する。

遺産を分割するのか？　も問題になります。

　遺産に、共同相続人の誰も居住していない不動産（＝実家）がある場合を検討します。

　この場合、遺産分割の方法としては、以下の 3 つが考えられます（図表 1-41）。

　イ．共同相続人が、法定相続分で共有とする。

　ロ．第三者に売却して、その売却代金を共同相続人が法定相続分で分配する。

　ハ．共同相続人のうち 1 名が相続をして、他の共同相続人に見返り（代償）を払う。

　また、遺産分割について、相続の発生から終了までの流れをフローチャートにすると、図表 1-42 のとおりです。

③ 遺産の一部分割

　平成 30 年改正前相続法では、「遺産の分割をすることができる」（改正前民法 907 条 1 項）、「各共同相続人は、その分割を家庭裁判所に請求

図表 1-42　相続の発生から終了までの流れ

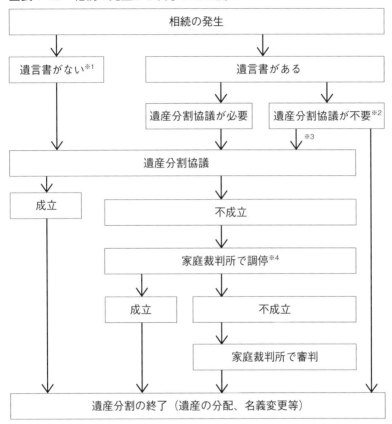

※１　相続人が１名の場合は、当然ながら遺産分割協議は不要である。
　　　遺産分割が必要な全ての相続財産を法定相続分で遺産分割する場合であっても、現実的には遺産分割協議は必要となる（金融機関への相続関係届等も一種の遺産分割協議である）。
※２　遺言で、分割が必要な全ての遺産について分割方法が指定されているような場合または、「全ての遺産を特定の相続人に『相続させる』旨の遺言」がある場合
※３　遺産分割協議が不要な場合でも、当事者全員で遺産分割協議をして、遺言の指定する遺産分割とは異なる遺産分割をすることは可能である。
※４　審判の前に調停を必ずしなければならないわけではないが、実務上は、ほぼ調停が先行する。

することができる」（改正前民法907条2項）とのみ定められており、遺産分割については、「一部のみを先行して分割できるのか？」が問題となりました。

　例えば、遺産のうち、預貯金だけは先に遺産分割し、共同相続人間で評価額を巡って揉めそうな実家や田畑はその後に遺産分割する、という一部分割の問題です。

　平成30年改正相続法では、この点、遺産の一部分割も可能と明記しました（民法907条1項、2項）。

３ 遺産分割協議の当事者

　遺産分割協議に参加しなくてはならない者は、「法定相続人」「包括受遺者（例えば相続財産の3分の1を遺贈するといった包括的な割合で遺贈を受けた受遺者）」「相続分の譲受人」「遺言執行者」等です（図表1-43）。

４ 遺産分割の対象

① 相続財産が遺産分割の対象となるか

イ．預貯金

　預貯金は、遺産分割の対象になります。

　預貯金については、従前は、可分債権であることを前提として、遺産分割の対象外とされていました。

　これは、最一判昭和29年4月8日の判例が「相続人数人ある場合において、相続財産中に金銭の他の可分債権あるときは、その債権は法律上当然分割され各共同相続人がその相続分に応じて権利を承継するものと解すべきである」と判示しており、預貯金も可分債権の一種である以上、当然分割承継されるという扱いだったためです（以下「当然分割承継」といいます。最三判平成16年4月20日等）。

　しかし、最大決平成28年12月19日の判例が、預貯金に対する当然分割承継説の適用を変更して、「共同相続された普通預金債権、通常貯

図表 1-43　遺産分割協議の参加者

参加者	説明・条文など
法定相続人	配偶者は、法律上の婚姻関係にある者（内縁を含まず）。行方不明者がいれば、不在者財産管理人が参加する。未成年者がいれば、特別代理人が参加する[※1]。
包括受遺者	「包括受遺者は、相続人と同一の権利義務を有する」とされているため（民法990条）。
相続分の譲受人	相続分を譲り受けた者（相続分は譲渡が可能とされている[※2]）。
遺言執行者	「遺言執行者がある場合には、相続人は、相続財産の処分その他遺言の執行を妨げるべき行為をすることができない」（民法1013条1項）[※3]。

※1　親権者が先に相続放棄をした場合、親権を行使する未成年者1人を代理することは可能である（親権を行使する未成年者が2人いた場合は、双方の代理はできない）。

※2　民法905条1項は「共同相続人の一人が遺産の分割前にその相続分を第三者に譲り渡したときは、他の共同相続人は、その価額及び費用を償還して、その相続分を譲り受けることができる」として、相続分の取戻権を定めているが、これは、相続分の譲渡が可能であることを前提とした条文である。

※3　相続人以外の受遺者がいない等、相続人間だけで遺産分割が完結する場合において、遺言書の内容と異なる遺産分割協議を遺言執行者の同意なく成立させることができるか？　については、争いがある。

　　理論上は、「遺言の執行を妨げない」のであれば、遺言執行者の同意なく相続人のみで遺産分割協議は可能であるが、通常は、遺言執行者の同意を得る必要がある。

金債権及び定期貯金債権は、いずれも、相続開始と同時に当然に相続分に応じて分割されることはなく、遺産分割の対象となる」としました。

　これにより、金融実務として、相続預貯金を払い戻すためには、原則として共同相続人全員の合意（署名・捺印）が必要となりました。

　上記判例変更を踏まえて、預貯金については遺産分割の対象となることを前提としたうえで、遺産分割前の預貯金の払戻し制度（民法909条の2、家事事件手続法200条3項）が創設され、令和元年7月1日から施行されています。

ロ．現金、有価証券類

　現金、有価証券類は、遺産分割の対象になります。

現金については、「相続人は、遺産の分割までの間は、相続開始時に存した金銭を相続財産として保管している他の相続人に対して、自己の相続分に相当する金銭の支払を求めることはできない」とされています（最二判平成4年4月10日民集第164号285頁）。

　株式、投資信託、国債等の有価証券類も遺産分割の対象です（最三判平成26年2月25日民集第68巻2号173頁等）。

ハ．不動産や動産

　不動産や動産は、遺産分割の対象となります。

　配偶者の居住する不動産については、「配偶者居住権」と「配偶者居住権の負担付きの所有権」に分けて遺産分割をすることが可能です。

　なお、相続財産に賃貸不動産がある場合の賃料については、判例（最一判平成17年9月8日民集59巻7号1931頁）が、「相続開始から遺産分割までの間に共同相続に係る不動産から生ずる金銭債権たる賃料債権は、各共同相続人がその相続分に応じて分割単独債権として確定的に取得し、その帰属は、後にされた遺産分割の影響を受けない」と判示していますので、遺産分割の対象外です。

　令和3年の改正により、不動産を取得した相続人は、相続により所有権を取得したことを知った日から3年以内に相続登記の申請が必要となりました。相続登記の申請義務化は、令和6年4月1日から施行されますが、施行日より前に生じた相続についても遡及適用となります。これにより、不動産を相続しているが相続登記をしていない場合は、令和6年4月1日から3年以内に相続登記をしなければなりません。

ニ．預貯金以外の可分債権

　預貯金以外の可分債権は、遺産分割の対象になりません。

　被相続人が、第三者に対して貸付していた貸金返還請求権、被相続人が交通事故等で死亡した場合の損害賠償請求権が問題となります。

　学説上は争いがありますが、実務上は、最大決平成28年12月19日の判例変更は預貯金を対象としており、また、平成30年改正相続法で

も格別の改正はなかったため、現在でも「当然分割承継」を前提として、遺産分割の対象外と考えざるを得ません。

ホ．借金等の借入債務（消極的相続財産）

借金等の借入債務は、遺産分割の対象になりません。

相続債権者の同意なく、遺産分割の対象とすることは、相続債権者の権利を害することになります。

したがって、借金等の借入債務（消極的相続財産）は、法定相続分で当然分割承継されます。

保証債務も同じです。

② 特定財産承継遺言

平成30年改正相続法では、「遺産の分割の方法の指定として遺産に属する特定の財産を共同相続人の一人又は数人に承継させる旨の遺言」を、「特定財産承継遺言」としています（民法1014条2項）。

これは、いわゆる「相続させる」旨の遺言のことをいいます。

具体的には、「遺言者は、相続人○○に、別紙預貯金目録記載の預貯金を、相続させる」「遺言者は、相続人△△に、別紙不動産目録記載の不動産を、相続させる」といった遺言のことです。

「相続させる」旨の遺言の効果については、判例（最二判平成3年4月29日民集45巻4号477頁）が、以下のとおり、判示しています。

・特定の遺産を特定の相続人に「相続させる」趣旨の遺言は、遺言書の記載から、その趣旨が遺贈であることが明らかであるか又は遺贈と解すべき特段の事情のない限り、当該遺産を当該相続人をして単独で相続させる遺産分割の方法が指定されたものと解すべきである。

・特定の遺産を特定の相続人に「相続させる」趣旨の遺言があった場合には、当該遺言において相続による承継を当該相続人の意思表示にかからせたなどの特段の事情のない限り、何らの行為を要せずして、当該遺産は、被相続人の死亡の時に直ちに相続により承継される。

つまり、特定財産承継遺言があった場合については、その対象となっ

た財産については遺産分割の対象外となります。

　平成 30 年改正相続法は、特定財産承継遺言の対象となった財産が遺産分割の対象外となることを前提として、遺言執行者の預貯金に対する払戻権限（民法 1014 条 3 項）や対抗問題（民法 889 条の 2、1014 条 2 項）を整理しました。

5 遺留分

① 遺留分制度の意義

　遺留分制度とは、兄弟姉妹以外の法定相続人（配偶者・子・直系尊属）に法定相続分の一部を保障する制度のことをいいます。

　そして、その保障された相続財産の一部を「遺留分」といい、遺留分を受けることができる法定相続人（配偶者・子・直系尊属）を、「遺留分権利者」といいます。

② 遺留分権利者と遺留分の割合

　民法 1042 条は、「遺留分の帰属及びその割合」を定めています。

　具体的には、同条 1 項は、遺留分として、

「兄弟姉妹以外の相続人は、遺留分として、次条第一項に規定する遺留分を算定するための財産の価額に、次の各号に掲げる区分に応じてそれぞれ当該各号に定める割合を乗じた額を受ける。

　　一　直系尊属のみが相続人である場合　　三分の一

　　二　前号に掲げる場合以外の場合　　　　二分の一」

としています。

　具体的には**図表 1-44** のとおりです。

③ 遺留分侵害額請求権

イ．平成 30 年改正前相続法における「遺留分減殺請求権」とその問題点

　平成 30 年改正前民法 1031 条は、「遺贈又は贈与の減殺請求」として、「遺留分権利者及びその承継人は、遺留分を保全するのに必要な限度で、

図表 1-44

法定相続人		遺留分	各相続人の遺留分
配偶者のみ		2 分の 1	配偶者：2 分の 1
第 1 順位相続			
	子のみ	2 分の 1	子：2 分の 1 子が複数の場合は、人数割り。
	子と配偶者	2 分の 1	子：4 分の 1 子が複数の場合は、人数で割る。
			配偶者：4 分の 1
第 2 順位相続			
	直系尊属のみ	3 分の 1	直系尊属：3 分の 1 法定相続人となる直系尊属が複数の場合は、人数割り。
	直系尊属と配偶者	2 分の 1	直系尊属：6 分の 1 法定相続人となる直系尊属が複数の場合は、人数割り。
			配偶者：3 分の 1
第 3 順位相続			
	兄弟姉妹のみ	無し	兄弟姉妹：遺留分なし
	兄弟姉妹と配偶者	2 分の 1	兄弟姉妹：遺留分なし
			配偶者：2 分の 1

遺贈及び前条に規定する贈与の減殺を請求することができる」としていました。

　事例として、子 1・子 2 のみが相続人の場合であって、被相続人の遺言が「全ての財産は子 1 に相続させる」となっていたような場合を検討します。

　遺留分権利者である子 2 の遺留分は 4 分の 1 ですから、子 2 が遺留分減殺請求権を行使した場合は、相続財産は、自動的に子 1 が 4 分の 3、子 2 が 4 分の 1 という割合で共有されることになります（遺留分減殺請求権の物権的効力）。

　しかし、これでは、相続財産が事業用財産である場合には円滑な事業承継が困難になりますし、共有関係の解消を巡って子 1 と子 2 の争い

が続くことになります。

　また、判例変更により預貯金が遺産分割の対象となった以上、預貯金は共同相続人である子１と子２の（準）共有になりますから、金融機関としては、預貯金の払戻しにおいては、子２の遺留分減殺請求権の行使の有無に振り回されることになります。

ロ．平成 30 年改正相続法による「遺留分侵害額請求権」制度の新設

　そこで、平成 30 年改正相続法は、遺留分の侵害があった場合でも、子１と子２の間の関係については、子２→子１に対する「遺留分侵害額請求権」という形で解決するようにしました。

　「遺留分侵害額請求権」は、単なる金銭債権ですから、相続財産の帰属に影響を及ぼしません。

　したがって、金融機関としては、預貯金について遺留分を侵害する遺言書により相続手続をする場合であっても、

　イ．遺言書のとおり、預貯金の相続手続を行います

　ロ．あとは、相続人間で、遺留分侵害請求権で解決してください

という対応が可能になりました。

③ 経営承継円滑化法の遺留分に関する民法の特例制度

　これは、中小企業において、現経営者から後継者に贈与等された自社株式についての特例を定めるものです。

　具体的には、後継者及び現経営者の推定相続人全員の合意の上で、「現経営者から後継者に贈与等された自社株式」について、

　イ．遺留分算定基礎財産から除外（除外合意）

　ロ．遺留分算定基礎財産に算入する価額を合意時の時価に固定（固定合意）

をすることができるようになりました。

　両方を組み合わせることも可能です。

6 遺言執行者

① 遺言執行者とは

遺言執行者とは、文字どおり、「遺言を執行する者」です。

平成 30 年改正前民法 1015 条（遺言執行者の地位）は、「遺言執行者は、相続人の代理人とみなす」としていました。

他方、遺言執行者は、遺言者（被相続人）の意思を実現するのがその役割となります。

しかし、平成 30 年改正前相続法の定めでは、

イ．相続人が遺留分減殺請求権を行使した

ロ．イは、遺言者（被相続人）の意思に反している

という場合に、相続人と遺言執行者の間でトラブルになります。

そこで、平成 30 年改正相続法は、民法 1015 条（遺言執行者の行為の効果）として、「遺言執行者がその権限内において遺言執行者であることを示してした行為は、相続人に対して直接にその効力を生ずる」としました。

② 遺言執行者が選任される場合

イ．遺言執行者が必須の場合

以下の場合は、遺言執行者が必須です。

・認知（民法 781 条 2 項）

・相続人の廃除（民法 893 条）、廃除の取消（民法 894 条 2 項）

ロ．遺言執行者が任意の場合

上記イ．以外では、遺言執行者は任意です。

遺言書に「甲不動産を、A に遺贈する」という記載があって、A が相続人以外であれば、相続人が A に対して甲不動産の所有権移転登記の手続をします。このような場合、相続人が行っているのは、広い意味では遺言の執行であり、多くのケースでは、相続人が自ら遺言を執行します。

もっとも、このような場合は、通常、「遺言執行者」とはいいません。

通常、「遺言執行者」といわれるのは、下記③で選定された者です。

③ 遺言執行者の選定方法

イ．指定による遺言執行者

　遺言により指定された遺言執行者です（民法1006条）。

　遺言による指定ですから、遺言執行者になる（これを「就職」といいます）か否かは、指定を受けた者が判断できます。

　遺言執行者が就職を承諾したときは、ただちにその任務を行わなければなりません（民法1007条）。

　遺言執行者が、就職するか否かを確答しない場合には、「相続人その他の利害関係人は、遺言執行者に対し、相当の期間を定めて、その期間内に就職を承諾するかどうかを確答すべき旨の催告をすることができる」ものとされています。

　この場合において、遺言執行者が、その期間内に相続人に対して確答をしないときは、就職を「承諾したものとみなす」ことになっています（民法1008条）。

ロ．選任による遺言執行者

　家庭裁判所により選任される遺言執行者です（民法1010条）。

　民法1010条は、「遺言執行者がないとき、又はなくなったときは、家庭裁判所は、利害関係人の請求によって、これを選任することができる。」としています。

　利害関係人は、「相続人、遺言者の債権者、遺贈を受けた者等、遺言の内容の実現に利害関係を有する者」とされています。

④ 遺言執行者になれない者

　未成年者及び破産者は、遺言執行者となることができません（民法1009条）。

　法人であったとしても、遺言執行者にはなれます（信託銀行など）。

⑤ 遺言執行者による任務の遂行

遺言執行者は、「遺言執行者は、相続財産の管理その他遺言の執行に必要な一切の行為をする権利義務を有する」（民法1012条1項）、「遺言執行者がある場合には、遺贈の履行は、遺言執行者のみが行うことができる」（民法1012条2項）とされています。

そして、「遺言執行者がある場合には、相続人は、相続財産の処分その他遺言の執行を妨げるべき行為をすることができない」（民法1013条1項）とされています。

遺言執行者は、相続財産の目録を作成して、相続人に交付しなければならない（民法1011条1項）とされています。

遺言書が作成されてから、相続発生までの期間が長い場合には、遺言書に記載された預貯金がなかったり、遺言書に具体的には記載されていない預貯金があったり（営業店の統廃合で、支店名がかわっていることもあります）します。

したがって、遺言執行者から、金融機関に対して問い合わせがあった場合には、遺言執行者であることを確認の上、遺族の「氏名」「生年月日」「住所」等を基に預貯金の有無を特定していくことになります。

遺言執行者は、相続財産の目録を作成したら、個々の相続財産について、遺言を執行していくことになります。

⑥ 預貯金の払戻しと遺言執行者の権限

預貯金について、当然分割承継を前提とした場合、遺言執行の余地はありません。

なぜなら、相続開始によって、当然に、各共同相続人の相続分に応じて分割承継されるために、遺言執行という余地がないからです。

もっとも、下級審レベルで、遺言執行者の払戻権限を認めたものはありました（東京地判平成24年1月24日等）。

しかし、預貯金も遺産分割の対象とする判例変更（最大決平成28年12月19日）により、「遺言執行者が、預貯金を払い戻せるのか？」と

いう点が、問題になりました。

平成 30 年改正相続法によれば、以下のとおりになります。

イ．対象預金について、特定財産承継遺言があった場合

遺言者 X が、「甲銀行乙支店の預金は、相続人 A に相続させる」という遺言とともに、「遺言執行者として、B を指定する」としていた場合を想定します。

この場合、甲銀行乙支店の預金は、特定財産承継遺言により「何らの行為を要せずして、甲銀行乙支店の預金は、X の死亡の時に直ちに A に相続により承継される」ということになります（最二判平成 3 年 4 月 29 日民集 45 巻 4 号 477 頁）。

そうすると、甲銀行乙支店の預金の払戻権限があるのは、相続人 A のみで遺言執行者 B にはないというのが理論上の結論になります。

一方、平成 30 年改正相続法は、相続による権利の承継についても対抗要件主義を適用することにしました（民法 899 条の 2 第 1 項）。

したがって、相続により法定相続分を超えて預金を承継した受益相続人（＝ A）は、甲銀行乙支店に対して、対抗要件を取得しなければなりません。

現実的には、共同相続人全員による通知は困難でしょうから、平成 30 年改正相続法は、受益相続人（＝ A）が遺言の内容を明らかにする通知（民法 899 条の 2 第 2 項）をもって、対抗要件の取得としました。

したがって、甲銀行乙支店としては、受益相続人（＝ A）が遺言の内容を明らかにする通知をした上で、払戻しの請求をしてきた場合には、応じることができます。

では、遺言執行者は、甲銀行乙支店の預金の払戻権限はないのでしょうか？

この点、平成 30 年改正相続法は、「前項の財産（＝特定財産承継遺言の対象となる財産）が預貯金債権である場合には、遺言執行者は、同項に規定する行為（＝対抗要件具備行為）のほか、その預金又は貯金の払

戻しの請求及びその預金又は貯金に係る契約の解約の申入れをすることができる。ただし、解約の申入れについては、その預貯金債権の全部が特定財産承継遺言の目的である場合に限る」（民法 1014 条 3 項）として、遺言執行者の払戻権限を認めました。

　よって、甲銀行乙支店は、遺言執行者 B から払戻しの請求にも応じることができます。

ロ．対象預金について、遺贈がなされた場合

　遺言者 X が、「甲銀行乙支店の預金は、公益財団法人 A に遺贈する」という遺言とともに、「遺言執行者として、B を指定する」としていた場合を想定します。

　この場合、相続人が遺贈義務者になりますが、相続人が払戻しを受けた預金を浪費して、受遺者である公益財団法人に引渡さなかった場合、甲銀行乙支店と公益財団法人 A でトラブルになるのは必至です。もっとも、「遺言執行者がある場合には、遺贈の履行は、遺言執行者のみが行うことができる」（民法 1012 条 2 項）とされているため、相続人が甲銀行乙支店の預金の払戻しを請求しても、甲銀行乙支店としては応じることはできません。

　では、遺言執行者 B が、甲銀行乙支店に対し、払戻請求をしてきた場合はどうでしょうか？

　受遺者である A と遺言執行者 B で、払戻権限はどちらにあるのか？が問題になります。

　この点は、最終的には遺言書の解釈の問題となります（法制審議会民法（相続関係）部会第 26 回会議議事録 5 頁〜 7 頁参照）。

　　イ．遺言により払戻権限が A「のみ」に与えられている場合は、A のみです。

　　ロ．遺言により払戻権限が B「のみ」に与えられている場合は、B のみです。

　　ハ．遺言による払戻権限が A に与えられているが、B による払戻権

限を排除していなければ、AまたはBです。

ニ．遺言による払戻権限がBに与えられているが、Aによる払戻権
　　限を排除していなければ、AまたはBです

ホ．遺言により払戻権限が何も記載されていなければ、原則としては
　　Aですが、特定財産に関する遺言の執行を定めた民法1014条3項
　　の規定を類推して、払戻権限はBにも認められ、結局、Aまたは
　　Bです。

　多くの場合は、ホでしょうから、甲銀行乙支店としては、遺贈者A、
遺言執行者Bどちらの払戻請求にも応じることができます。

　もっとも、遺言執行者Bが弁護士や司法書士等の職業的専門家であ
ればトラブルは少ないでしょうが、遺言執行者Bが相続人のうちの1
名といったような場合は、甲銀行乙支店としては、払戻しの前に遺贈者
Aへの連絡をするべきでしょう。

第 2 章

金融機関における相続手続の基本知識

1　相続人の確定

① 相続の発生

　金融機関において、お客さまのご家族から、例えば「(お客さまである)父が、死亡した」旨を聞いたとします。

　この場合、まずはお悔やみをきちんと述べて、お客様の生前のお取引にお礼を述べることが大事です。

　金融機関の事務の都合ばかりを一方的に押し付けると相続人に反感を持たれてしまい、その後の相続手続が一向に進捗しない…ということになります。

　預金取引であれば、相続人としては、相続手続をきちんとすることによって、相続預金の払戻しが可能になるのですから、相続人側に金融機関に対する不満があっても相続手続は何とか進捗しますが、融資取引になるとそうはいきません。

　相続人の協力が得られず、何年にもわたって相続手続を放置するということにもなり、その間に二次相続が発生し、さらに当事者が増えて収拾がつかなくなるということにもなりかねません。

　① 相続人から、事情を聴く

　② 相続人から、「金融機関に対する希望」を聴く

　③ 相続人に対して、必要な手続を説明する

の３つが重要です。

　そして、最初に行う実務手続が、「相続人の確定」という作業です。

　相続人の中には、「相続人は、子供3人だけです」という方もいますが、相続人の確定作業は、必ず、戸除籍謄本類（全部事項証明書、除籍謄本、改正前原戸籍謄本等）で行います。

　そして、相続関係図を作成して、相続人の確定と法定相続分の算定を行います。

　これが、相続人の確定作業となります。

　または、後述の「法定相続証明制度」における「法定相続情報一覧図」でも相続人の確定は可能です。

　そのためには、戸籍について、基本的な知識が必要となりますから、次に戸籍の解説をします。

② 戸籍

① 戸籍とは何か

　戸籍とは、人の身分関係を時間的に、かつ動的に記録し、証明する公文書です。

　人の一生には、「生」と「死」が必ずあり、その間に、「婚姻」、「離婚」、「養子縁組」、「認知」など、様々な出来事が発生します。

　人は出生すると、その父または母の戸籍に入り、結婚すれば新しい戸籍が編成され、死亡すれば、除籍されます。

　戸籍とは、このように、人の出生から死亡までの間における身分関係を公的に記録し、それを公的に証明する公文書になります。

　法的に正確に定義すると、「戸籍」＝「国民各人の身分関係を公証する公正証書」です。

　ここで、「公証」とは、特定の事実または法律関係の存在を証明する行政行為を指し、「身分」とは、夫婦・親子・兄弟姉妹などという家族的共同生活における当事者としての地位を示す民法上の用語で、社会的身分を指すものではありません。

　また、ある戸籍とつながりのある他の戸籍は、その戸籍に記載されて

います。

　したがって、戸籍を「つなげていく」ことで、その人と同じ戸籍に記載されていない人であったとしても、その人との続柄を知ることができます。

② 戸籍の種類

　金融機関の相続手続において、被相続人に配偶者、子、直系尊属がなく相続人が兄弟姉妹となる場合、被相続人の兄弟姉妹を特定するため、被相続人の父母について、その出生から死亡までの戸籍をつなげることになります。

　被相続人が、90歳で亡くなった場合、その父母の生まれたのは大体、110年から120年程前です。

　そして、その父母が生まれたときに入籍した戸籍には、さらにその父母（被相続人から見た場合は祖父母）が記載されているので、その方々が生まれたのは大体、130年から150年程前になります。

　その時代の戸籍は、当然、現在の戸籍と異なります。

　本書では解説しませんが、戸籍の種類によりかなりの違いがありますので注意してください。

③ 戸籍の用語

イ．入籍

　入籍とは、戸籍に入ることです。

　まず、「出生」については、出生届を提出することにより、入籍となります。

　これ以降の入籍は、基本的にある戸籍からある戸籍に移ることになります。

　主な入籍の理由は、「出生」の他は、「婚姻」「養子縁組」等で、これらについては、届出を出せば、それによって入籍となりますので、別途入籍届を出す必要はありません。

　他方、入籍届によって入籍するケースとしては、①父親が認知した子

を、父親の戸籍に入れる場合、②再婚する人が、前婚の子を、再婚後の戸籍に入れる場合、③離婚した親（筆頭者でない親）が、自分の戸籍に子供を入れる場合の３つが主な場合となります。

「出生」以外の入籍については、「どの戸籍から入籍したか」が分かるようになっています。

また、「どの戸籍へ移ったか」が分かるようにもなっています。

ロ．就籍

入籍と似ていますが、「就籍」とは、本籍を有しない者が、家庭裁判所の許可を得て、戸籍に就くことです。

「出生届」が出されていない場合や、父母が分からない場合等の他、帰化によっても「就籍」が発生します。

「就籍」の場合は、その一つ前の戸籍、というように遡ることはできません。

ハ．除籍

i) 在籍者の除籍について

戸籍内に記載されている者（これをその戸籍に「在籍している」といいます）の情報が、その者の死亡、婚姻、養子縁組等によって、その戸籍内において不要になることがあります。

婚姻によって、不要になるのは新戸籍が編製されるためであり、養子縁組によって、不要になるのは養親の戸籍に編入されるためです。

このある戸籍に在籍している者の情報が、この戸籍内において不要になることを称して「除籍する」といいます。

「死亡」以外の除籍については、どこの戸籍へ転籍したかが分かることになっています。

例えば、「婚姻」であれば、「新本籍」の記載で分かります。

ii) 戸籍そのものの除籍

また、さらに、その戸籍そのものが必要ではなくなることがあります。

具体的には、その戸籍に在籍している者全てが除籍されたり、本籍を

他の市町村に移したりすることによって、従来の市町村でその戸籍が必要でなくなったときです。

このような場合に、従来の本籍地市町村にあった戸籍で、その市町村が必要としなくなったものを「除籍」といいます（書式は**図表 2-5** 参照）。

一般に「除籍謄本」という場合の「除籍」とは、後者の「除籍」です。

金融機関の相続手続においては、戸籍謄本だけでなく、除籍謄本も必要になることがほとんどです。

また、戸籍の様式が変更になって新しい様式の戸籍が作られた場合、従前の様式の戸籍が削除されます。

この場合における従前の様式の戸籍を「改製原戸籍」といいます。

「現戸籍」「原戸籍」の双方とも、「ゲンコセキ」と呼ぶことになると紛らわしいため、金融機関の実務では、改製原戸籍は「ハラコセキ」と呼ぶことが多いと思います。

お客さまに「『ハラコセキ』が必要です」といっても「？」になりますので、お客さまには「この戸籍の基になったひとつ前の戸籍」といいましょう。

④ 戸籍の見方

図表 2-1、2-3 をもとに、戸籍の見方を解説します。

まず、コンピュータ化された全部事項証明書といわれているものです。

これは、平成 6 年 12 月 1 日に施行された戸籍法の改正により、従来は紙に記載するという方式で処理していた戸籍をコンピュータ化したものです。

したがって、従前の紙に記載していた戸籍をもとに発行される戸籍謄本とコンピュータ化した戸籍をもとに発行される全部事項証明書は同じ内容になります。

イ．全部事項証明書の見方

i）戸籍の表示（戸籍法 9 条）…「あ」の部分

戸籍はその筆頭に記載した者の氏名および本籍で表示されます。

この部分を「戸籍の表示」といいます。

図表 2-1　全部事項証明書の例

（4の1）　┌あ

全部事項証明

本　籍	東京都千代田区永田町１丁目６番地）い
氏　名	銀研　太郎 ）う

戸籍事項
　　戸籍改製

【改製日】平成12年○月×日

【改製事由】平成６年法務省令第51号附則第２条第１項による改製

　　　え

お

戸籍に記載されている者

【名】太郎 ）か

【生年月日】昭和２年４月６日　　　【配偶者区分】夫 ）さ

【父】亡銀研家康

【母】亡銀研福子 ）き

除　　籍

【続柄】長男 ）く

身分事項
　　出　　生

【出生日】昭和２年４月６日

【出生地】東京都千代田区

【届出日】昭和２年４月８日

【届出人】父

　　婚　　姻

【婚姻日】昭和28年６月30日

【配偶者氏名】研修花子

【送付を受けた日】昭和28年７月３日

【受理者】東京都千代田区長

【従前戸籍】東京都千代田区永田町１丁目３番地　銀研家康

　　養子縁組

【縁組日】昭和38年５月２日

【共同縁組者】妻

【養子氏名】甲山英雄

【送付を受けた日】昭和38年５月７日

【受理者】浦和市長

せ

　　認　　知

【認知日】昭和46年９月24日

【認知した子の氏名】乙島光夫

【認知した子の戸籍】東京都豊島区北大塚三丁目15番地　乙島智子

　　死　　亡

【死亡日】平成17年12月24日

【死亡時分】午前２時13分

【死亡地】東京都中央区

【届出日】平成17年12月24日

【届出人】親族　銀研一朗

発行番号000001

以下次頁

戸籍に記載されている者	
	【名】花子 【生年月日】昭和４年２月22日　　　　【配偶者区分】妻 【父】研修信長 【母】研修のう 【続柄】次女
身分事項 　　出　　生	【出生日】昭和４年２月22日 【出生地】広島県広島市 【届出日】昭和4年2月25日 【届出人】父
婚　　姻	【婚姻日】昭和２８年６月３０日 【配偶者氏名】銀研太郎 【従前戸籍】広島市○○町4番地　研修花子　　し
養子縁組	【縁組日】昭和38年５月２日 【共同縁組者】夫 【養子氏名】甲山英雄 【送付を受けた日】昭和38年５月７日 【受理者】浦和市長
戸籍に記載されている者	
＿＿＿＿＿＿ 　除　　籍 ￣￣￣￣￣￣	【名】一朗 【生年月日】昭和30年11月７日 【父】銀研太郎 【母】銀研花子 【続柄】長男
身分事項 　　出　　生	【出生日】昭和30年11月７日 【出生地】東京都千代田区 【届出日】昭和30年11月８日 【届出人】父
婚　　姻	【婚姻日】昭和59年７月８日 【配偶者氏名】豊臣秀子 【送付を受けた日】昭和59年７月１１日 【受理者】東京都練馬区長 【新本籍】東京都練馬区大泉町９番地　　す 【称する氏】夫の氏

	全部事項証明
戸籍に記載されている者	【名】英雄 【生年月日】昭和35年8月16日 【父】甲山光秀 【母】甲山正子 【続柄】三男 【養父】銀研太郎 【養母】銀研花子　こ 【続柄】養子
身分事項 　出　　生	【出生日】昭和35年8月16日 【出生地】東京都港区 【届出日】昭和35年8月18日 【届出人】父
養子縁組	【縁組日】昭和38年6月20日 【養父氏名】銀研太郎 【養母氏名】銀研花子 【代諾者】親権者父母 【送付を受けた日】昭和38年6月23日 【受理者】浦和市長 【従前戸籍】浦和市○○町20番地　甲山光秀
戸籍に記載されている者 　　除　　籍	【名】光夫 【生年月日】昭和44年11月5日 【父】銀研太郎 【母】乙島智子 【続柄】男　け
身分事項 　出　　生	【出生日】昭和44年11月5日 【出生地】東京都豊島区 【届出日】昭和44年11月12日 【届出人】母 【送付を受けた日】昭和44年11月15日 【受理者】東京都千代田区長
認　　知	【認知日】昭和46年9月24日 【認知者氏名】銀研太郎 【送付を受けた日】昭和46年9月27日 【受理者】千代田区長　せ

発行番号000001　　　　　　　　　　　　　　　　　　　　以下次頁

死　亡	【死亡日】昭和63年 1 月17日
	【死亡時分】午前 9 時 3 分
	【死亡地】東京都港区
	【届出日】昭和63年 1 月17日
	【届出人】親族　銀研英雄
	【送付を受けた日】昭和63年 1 月20日
	【受理者】東京都世田谷区長

（以下空白）

発行番号000001

112

「戸籍の表示」は、「本籍」と筆頭者の「氏名」からなっています。

＜本籍…「い」の部分＞

記載例では「東京都千代田区永田町1丁目6番地」です。

＜氏名…「う」の部分＞

記載例では「銀研　太郎」です。

また、筆頭者が死亡その他の理由によって除籍されたとしても戸籍の表示における筆頭者名は、そのままになります。

筆頭者には、「戸主」の意味はありません。戸籍の表示のためのものです。

ii）戸籍事項の記載（戸籍法規則34条）…「え」の部分

戸籍全体の事項が記載されます。

記載される事項は、

・新戸籍の編成に関する事項

・氏の変更に関する事項

・転籍に関する事項

などです。

記載例では、この戸籍が「平成12年〇月×日に平成6年法務省令第51号附則第2条第1項による改製」によって作成されたことが分かります。

戸籍事項の記載は、相続手続で戸籍を「つなげる」場合に、最も大切な場所の一つです。

新しい戸籍
【改製日】平成12年〇月×日
【改製事由】平成6年法務省令第51号附則第2条第1項による改製

一つ前の戸籍
平成六年法務省令第五一号附則第二条第一項による改製につき
平成拾弐年〇月×日消除

この「一つ前の戸籍」に、「平成六年法務省令第五一号附則第二条第一項による改製につき平成拾弐年○月×日消除」とあれば戸籍がつながります。

　つなげるときのポイントは、

　「新戸籍の改製日」＝「一つ前の戸籍の消除日」

　「新戸籍の改製事由」＝「一つ前の戸籍の消除事由」

であることです。

ⅲ）戸籍内の各人の記載（戸籍法13条）…銀研太郎について「お」の部分

　戸籍に在籍しているものまたは在籍していたもの各人について、その身分事項が記載されている欄です。

＜名前欄…「か」の部分＞

　同一の戸籍に在籍しているものは全て「氏」が同じです。

　氏は、「戸籍の表示」に記載されているので、この欄には名前のみが記載されます。

　死亡その他により戸籍から除籍されると、「除籍」と表示されます。

　「戸籍に記載されている者」が「除籍」になっている場合は、除籍の理由を確認します。

　「死亡」以外で除籍している場合、必要に応じて、次の戸籍を確認します（120頁［ポイント］参照）。

＜実父母欄…「き」の部分＞

　実父母の氏名が記載されています。

　父・母が死亡しているときは、「亡」の字を冠します。

　記載例では、銀研太郎について、その父が銀研家康、その母が銀研福子であること、および銀研家康も銀研福子も死亡していることが分かります。

　嫡出でない子で認知を受けていない子の父の欄は空欄となります。

＜実父母との続柄欄…「く」の部分＞

　嫡出子については、その実父母間における出生の順序に従い、「長男、

長女」→「二男、二女」→「三男、三女」と男女の性別ごとに数えていきます。

　続柄は、実父母ごとに数えるので、父と先妻の間に長男がいて、その後その父と後妻の間に男子が出生した場合は、その男子の続柄は、長男となります。

　また、嫡出でない場合は、母が分娩した嫡出でない子の出生の順に「長男、長女」、「二男、二女」等と記載します。

　また、平成16年11月より前に出生した非嫡出子の場合は、「男」「女」と記載されていましたが、更正の申出により記載の変更は可能です。

　たとえば、**図表2-1**の記載例「光夫」は、更正の申出をまだしていないことが分かります（…「け」の部分）。

＜養父母欄とその続柄欄＞

　養子縁組があった場合は、続柄欄の下に養父母欄を設けてその氏名を記載します。

　養父母欄の下には、続柄欄には、「養子、養女」と記載します（…「こ」の部分）。

　例えば、英雄について、実父が甲山光秀、実母が甲山正子で甲山光秀と甲山正子との間の嫡出子、三男であること、銀研太郎を養父、銀研花子を養母とする養子縁組をしたことが分かります。

＜配偶者区分欄＞

　配偶者のある者については、生年月日の欄の右に欄を作り、その欄に「夫」または「妻」と記載します（記載例では、「太郎」の生年月日の右にある（…「さ」の部分））。

　誰が配偶者であるかは、身分事項欄の「婚姻」を見ると分かります。

＜身分事項欄＞

　その戸籍に入った原因・年月日が記載されます。

　この欄には、その人の「出生」「婚姻」「死亡」が記載され、それによってその人の出生、婚姻、死亡の年月日、入籍、除籍の原因が分かります。

また、他の戸籍から入籍してきた者については、どこから入籍してきたのかが「従前戸籍」と記載され、他の戸籍に入籍していって除籍された者については、どこへ入籍していったのかが「新本籍」として記載されます。

　このように、入籍、除籍する前後の戸籍については相互に連絡がとられているので、死亡による除籍が記載されている最後の戸籍から順に遡っていって、出生するまで戸籍を辿ることができるのです。

　記載例では、花子につき、広島市〇〇町４番地　研修花子の戸籍から入籍があったことが分かります（…「し」の部分）。

　同様に、一朗につき、東京都練馬区大泉町９番地に新戸籍が編成されたのでこの戸籍から除籍になったことが分かります（…「す」の部分）。

　その他、身分事項欄には、認知があった場合は、認知した者と認知を受けたものの双方の身分事項欄に認知の記載がなされます。

　記載例では、「太郎」と「光夫」の欄にその記載があります（…「せ」の部分）。

　身分事項欄では、注意しなければならないことがあります。

　それは、新戸籍の編製や他の戸籍に入る場合、従前の戸籍の身分事項の全てが次の戸籍には記載されないということです。

　実は、新戸籍の編製や他の戸籍に入る場合、新戸籍または他の戸籍にこれを記載しなければならない事項は、**図表 2-2** の事項だけで（戸籍法施行規則 39 条 1 項各号）、他の事項は引き継がれません。

　一見、たくさんに見えますが、例えば、過去の婚姻関係は新戸籍には記載されないことになります。

　ですから、生まれてから死ぬまでの戸籍を全てつなげないと、その人について、相続人を確定させることが出来ないのです。

ロ．戸籍謄本の見方

　戸籍謄本の各記載事項の見方も基本的には全部事項証明書の各記載事項の見方と同じです。

図表 2-2　次の戸籍に引継がれる事項

① 出生に関する事項
② 嫡出でない子について、認知に関する事項
③ 養子について、現に養親子関係の継続するその養子縁組に関する事項
④ 夫婦について、現に婚姻関係の継続するその婚姻に関する事項及び配偶者の
　 国籍に関する事項
⑤ 現に未成年者である者についての親権または未成年者の後見に関する事項
⑥ 推定相続人の廃除に関する事項でその取消しのないもの
⑦ 日本の国籍の選択の宣言または外国の国籍の喪失に関する事項
⑧ 名の変更に関する事項
⑨ 性別の取扱いの変更に関する事項

　図表 2-3 は戸籍謄本の例ですが、「あ」～「せ」の各欄がそれぞれ、全部事項証明書の「あ」～「せ」に各欄に対応しています。
　以下では、主な相違点について記載します。
＜戸籍事項記載欄＞
　図表 2-3 の記載例では、この戸籍が昭和 28 年 6 月 30 日に編製されたこと、昭和 61 年 3 月 25 日に東京都千代田区永田町一丁目六番地に転籍したことが記載されています。
　転籍とは、本籍を変更することであり、自由にできます。
　市町村（特別区）を超えて転籍すると、転籍前の戸籍が除籍となって、転籍先で新戸籍が編製されます。
　図表 2-3 では、東京都千代田区内の転籍ですから、戸籍はそのままになっています。
＜除籍の記載方法＞
　死亡その他により戸籍から除籍されると、名前欄が朱の斜線で交差されます。ただし、相続手続において実際に見ることができるのは戸籍原本そのものではなく、謄本であるため、斜線は朱色ではなく普通に黒色となっています。
　図表 2-3 の記載例では、銀研太郎について、死亡を原因とする除籍がなされているため、斜線で交差されています。

図表 2-3　戸籍謄本の例

本籍	東京都千代田区永田町一丁目六番地	氏名　銀研　大郎

え
昭和弐拾八年六月参拾日編成㊞
昭和六拾一年三月拾五日東京都千代田区永田町一丁目
六番地に転籍届出㊞

お・せ（夫　か　次郎）
父　亡　銀研家康　（長男）
母　亡　福子
夫　か　次郎
生出　昭和弐年四月六日

昭和弐年四月六日東京都千代田区で出生同月八日父届出入籍
昭和弐拾八年六月参拾日研修花子と婚姻届出東京都千代田区
河町一丁目四番地銀研家康戸籍から入籍
昭和参拾八年五月弐拾弐日妻とともに甲山英雄を養子とする縁組届
出同月七日浦和市長から送付㊞
昭和四拾六年九月弐拾四日東京都豊島区北大塚三丁目壱拾番地
乙鳥智子籍光夫を認知届出㊞
平成拾七年拾弐月弐拾四日午前拾参分東京都中央区で死亡
同日親族銀研一朗届出除籍㊞

し（妻　花子）
父　研修信　（次女）
母　のう
妻　花子
生出　昭和四拾弐年弐月拾日

昭和四拾弐年弐月弐拾弐日広島県広島市で出生同月弐拾五日父届出
昭和弐拾八年六月参拾日研修大郎と婚姻届出広島市○○町四番
地研修花戸籍から入籍㊞
昭和参拾八年五月弐拾弐日夫とともに甲山英雄を養子とする縁組届
出同月五日浦和市長から送付㊞

す（長男　朗）
父　銀研大郎　長男
母　花子
朗
生出　昭和参拾壱年七月七日

昭和参拾壱年七月七日東京都千代田区で出生同月八日父届出入
籍㊞
昭和五拾九年七月八日豊臣秀子と婚姻届出同月拾壱日東京
都練馬区大泉町九番地に夫の氏の新戸籍編成につき
除籍㊞

118

昭和参拾五年八月拾六日東京都港区で出生同月拾八日父届出入籍㊞

籍㊞

昭和参拾八年六月拾日銀研太郎同人妻花子の養子となる縁組届出

出（代諾者親権者父母）同月弐拾参日浦和市長から送付浦和市○○

町三十番地甲山光秀戸籍から入籍㊞

英　雄

父	甲山光秀	男長
母	正子	
養父	銀研太郎	子養 [こ]
養母	花子	
生出	昭和参拾五年八月拾六日	

昭和四拾四年拾壱月五日東京都豊島区で出生同月拾弐日母届出同月拾五日同区長から送付入籍㊞

昭和四拾六年九月弐拾四日銀研太郎認知届出同月弐拾七日東京都千代田区長から送付㊞ [せ]

昭和四拾七年弐月弐日父の氏を称する入籍親権者母届出東京都豊島区北大塚三丁目壱番地乙鳥智子戸籍から入籍　㊞

昭和四拾七年四月九日親権者を父と定める旨父母届出㊞

昭和六拾参年壱月拾七日午前九時参分東京都港区で死亡同日親族

銀研英雄届出同月弐拾日東京都世田谷区長より送付除籍鋤

光　夫

父	銀研太郎	男 [け]
母	乙鳥智子	
生出	昭和四拾四年拾壱月五日	
父		
母		

この謄本は、戸籍の原本と相違ないことを認証する。

平成八年参月五日

東京都千代田区　○　○　○　○　㊞

【ポイント】

「除籍」になっている場合

現在の戸籍
① なぜ、除籍になったかを確認する。
② 「死亡」以外であれば、どこの戸籍へ入籍したかを確認する。
「婚姻による除籍」の場合・・・「す」の部分
【婚姻日】昭和 59 年 7 月 8 日
【配偶者氏名】豊臣秀子
【送付を受けた日】昭和 59 年 7 月 11 日
【受理者】東京都練馬区長

 東京都練馬区大泉町 9 番地の戸籍を取る

一つ後の戸籍
「婚姻」の場合は、新戸籍が編製されるのが、原則。

戸籍の表示
「婚姻の届出により昭和五拾九年七月八日夫婦につき本戸籍編成」
戸籍の各人の記載の「一朗」の欄
昭和参拾年拾壱月七日東京都千代田区で出生同月八日父届出入籍
「昭和五拾九年七月八日豊臣秀子と婚姻届出東京都千代田区永田町壱丁
目六番地銀研太郎戸籍より入籍」

→つなげるときのポイントは

「昭和五拾九年七月八日豊臣秀子と婚姻届出東京都千代田区永田町壱
丁目六番地銀研太郎戸籍より入籍」で一つ前の戸籍との連続性を確認す
ることです。

⑤ 戸籍のつなぎ方

ある人が死亡して、その人の相続人を確定する場合、まずは、その人
に「子」がいるか否かを確認することになるので、その人の戸籍を「生
まれてから死ぬまで」つなげなくてはいけません。そして、戸籍をつな
げる場合、その戸籍でつなげることができる最初と最後を意識して、つ

なげていきます。

イ．第1段階（戸籍自体の最初と最後）

　まず、戸籍自体の最初と最後を確認します。

```
a．戸籍自体の最初＝改製日や編製日
b．戸籍自体の最後＝消除日や転籍した日
```

ロ．第2段階（戸籍をつなげたい人について最初と最後）

　次に、戸籍をつなげたい人について、身分事項で最初と最後を確認します。

```
c．身分事項の最初＝戸籍への入籍日
d．身分事項の最後＝除籍された日
```

ハ．第3段階（当該戸籍でつながる期間の確定）

　例えば、「銀研太郎」は、**図表2-1**の全部事項証明書でどこからどこまでをつなげることができるのでしょうか？

　まず、戸籍事項（**図表2-1**の「え」の部分）で、この戸籍がいつからいつまでの戸籍かを確認します。

　この戸籍は、平成12年〇月×日に改製になっています。

　つまり、戸籍自体の最初（上記a．）は、平成12年〇月×日です。

　戸籍自体の最後（上記b．）は、まだこの戸籍が除籍になっていませんから、ありません。

　次に、銀研太郎について、身分事項を見ます。

　銀研太郎は、a．の日付以降に、この戸籍に入籍した形跡はありません。

　つまり、銀研太郎は、この戸籍が編製された日にはすでにこの戸籍にいたことになります。

　よって、身分事項の最初（上記c．）は、平成12年〇月×日となります。

　最後に、身分事項の最後（上記d．）は、死亡による除籍ですから、平成17年12月24日です。

以上をまとめると、銀研太郎については、**図表 2-1** で、平成 12 年○月×日から平成 17 年 12 月 24 日までがつながることになります。

それ以前については、改製前原戸籍を確認します。

では、「銀研太郎」は、**図表 2-3** の戸籍謄本でどこからどこまでをつなげることができるのでしょうか？

図表 2-3 は、編製日が昭和 28 年 6 月 30 日の編製ですから、戸籍自体の最初（上記 a.）は昭和 28 年 6 月 30 日です。

戸籍自体の最後（上記 b.）は、まだこの戸籍が除籍になっていませんから、ありません。

次に、銀研太郎について、身分事項を見ます（**図表 2-3** の「お」の部分）。

そうすると、この戸籍への入籍日が、昭和 28 年 6 月 30 日となっていますから、身分事項の最初（上記 c.）は昭和 28 年 6 月 30 日です。

最後に、身分事項の最後（上記 d.）は、死亡による除籍ですから、平成 17 年 12 月 24 日です。

以上をまとめると、銀研太郎については、**図表 2-3** で、昭和 28 年 6 月 30 日から平成 17 年 12 月 24 日までがつながることになります。

それ以前については、「東京都千代田区平河町壱丁目四番地銀研家康戸籍から入籍」とありますから、その戸籍を取って確認します。

ニ．第 4 段階（次の戸籍）を取る

上記イからハである戸籍でつながった期間の前と後を、それぞれ、前の戸籍、次の戸籍をとって調べていきます。

この作業を繰り返して、出生日から死亡日まで全てを戸籍でつないでいきます。

3 相続人の範囲の確定

2 で戸籍の見方やつなげ方を解説しました。

ここではそれを踏まえて相続人の範囲を確定する作業について解説していきます。

① 戸籍をつなげる作業

　まず、被相続人の最後の戸籍を確認して、従前の戸籍があればその戸籍を取得して、出生まで戸籍を連続させることが必要になります（図表2-4のフローチャート①から③）。

　つなげ方については、**2**を参照してください。

　ここでは、銀研太郎について、相続が発生した場合を検討します。

　図表2-1の全部事項証明書が、最後の戸籍の場合は、戸籍事項欄に「戸籍改製」とあるので戸籍改製前の戸籍を取得することが必要となります。

　図表2-3の戸籍謄本が、最後の戸籍の場合は、**図表2-3**の「お」の

図表2-4　相続人の範囲の確定までのフローチャート

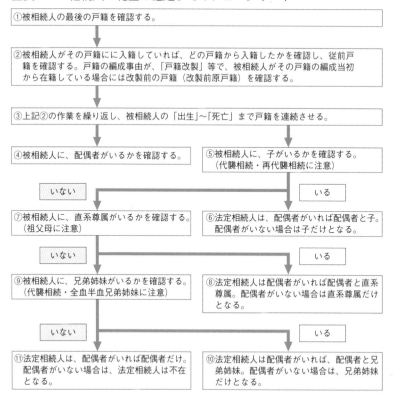

欄に「東京都千代田区平河町一丁目四番地銀研家康戸籍から入籍」とあるので、この戸籍を取得することが必要になります。

　上記によって、死亡から出生まで戸籍が連続したら相続人の範囲を確定させることになります。

　参考までに、除籍謄本の例（**図表 2-5**）と改製原戸籍の例（**図表 2-6**）を記載しておきます。

② 配偶者（フローチャート④）

　配偶者は常に相続人となります。

　相続人としての配偶者は、法律上の婚姻関係にあるものに限られ、内縁関係にあるものを含まないので、配偶者がいる場合は、常に被相続人の戸籍に記載があることになります。

　逆にいえば、被相続人の戸籍に記載がない者は、法律上の配偶者ではないから相続人になりません。

③ 子（フローチャート⑤及び⑥）

　子は、第一順位の相続人です。

　被相続人と同じ戸籍の中に子の記載があれば、その子の父母欄に被相続人の氏名があるかを確認します。

　被相続人と同じ戸籍にあった子が、除籍されている場合、その除籍の原因を確認することが必要となります。除籍原因が死亡であれば、その子は相続人ではありません。除籍原因が婚姻や養子縁組であれば、除籍されていても相続人であることに変わりはないので、婚姻後の新戸籍、養親の戸籍を確認することが必要となります。

　新戸籍を確認したところ、その新戸籍で死亡を原因として除籍されていた場合はどうでしょうか。その新戸籍において子がいる（＝被相続人の孫がいる）場合は、代襲相続の問題が発生するので注意が必要です。

　被相続人の戸籍に養子が記載されている場合、被相続人と養親＝養子関係にあるか否かは、被相続人の身分事項欄、養子の養父母欄とで確認できます。養子が除籍されているとき、除籍の原因が「離縁」の場合

図表 2-5　除籍謄本の例

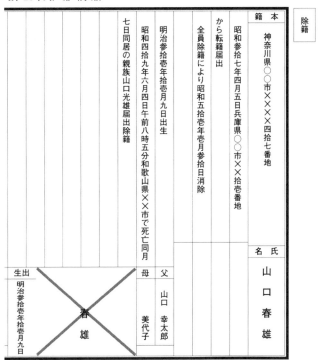

昭和23年式戸籍〔除籍〕

は、その者は相続人でなくなります。上記のほか、養子が除籍されているときの戸籍の見方は実子と同じです。

　子が、被相続人の戸籍に記載されていない場合でも、被相続人に子がいる場合があるので注意を要します。被相続人と離婚した配偶者との間に子があり、被相続人が離婚した後、その子が離婚した配偶者の氏を称している場合があります。この場合は、被相続人の従前の戸籍で確認することが必要となります。

　また、被相続人が嫡出でない子を認知したが、その子が被相続人の氏を称していない場合も、その子は被相続人の戸籍に記載されていません。

図表 2-6　改製原戸籍の例

昭和23年式戸籍（改製原戸籍）

改製原戸籍 平成六年法務省令第五十一号附則第二条第一項による 改製につき平成拾四年参月壱日消除	本　籍 千葉県○○市××××参拾参番地				婚姻の届出により昭和六拾年参月壱日夫婦につき	本戸籍編製		昭和弐拾九年四月六日××市○○壱番地で出生父田中清志届出	同年同月八日受附入籍	小林智子と婚姻届出昭和六拾年参月壱日受附△△県××郡○○	町五拾番地田中清志籍より入籍	
	氏　名 田　中　良　雄											出生
	父 田中 清志	母 和子										昭和弐拾九年四月六日
	長男								良　雄			

この場合は、被相続人の身分事項欄に「認知」の記載があるかどうかで確認できます。

　胎児も、出生すれば相続人となりますが、胎児は戸籍に記載されていません。被相続人が男性で、配偶者（妻）がおり、妻が被相続人の死亡時に妊娠している場合等は、その胎児が出生すると相続分は被相続人の死亡時の戸籍に基づいて算出した相続分と変わるので注意してください。

④ 直系尊属（フローチャート⑦及び⑧）

　直系尊属は、子または子の代襲相続者がいない場合に相続人となる第

126

二順位の相続人です。

　被相続人の父母欄に記載されている者が、被相続人の直系尊属として被相続人を相続します。

　父母が死亡していれば、その父母（祖父母）が相続人になるので注意してください。

　したがって、父母が死亡していても、すぐに第三順位にいくのではなく、念のために祖父母の生存を確認する必要があります。

　被相続人が養子になっている場合は、養父母、実父母ともに相続人になるのでこの場合も注意が必要です。

　父母と祖父母がともに生存している場合は、父母のみが相続人になり、祖父母は相続人にはなりません。

⑤ 兄弟姉妹（フローチャート⑨及び⑩）

　兄弟姉妹は、子及び直系尊属がいない場合の第三順位の相続人です。

　なお、兄弟姉妹の子（甥、姪）も兄弟姉妹を代襲相続するので、兄弟姉妹が死亡している場合には、注意を要します。

　この場合は、兄弟姉妹について、子供がいないかを確認するために、出生から死亡まで、戸籍をつなげる作業が必要になります。

　被相続人の父母欄を確認して、「父」と「母」について、出生から死亡まで、戸籍をつなげます。

　「父」と「母」のそれぞれについて、子を確認します。

　上記で、確認された子について、被相続人欄の父母欄と兄弟姉妹の父母欄を確認します。父母双方が一緒の場合は、全血兄弟姉妹です。父母片方が一緒の場合は、半血兄弟姉妹です。半血兄弟姉妹の相続分は、全血兄弟姉妹の相続分の2分の1です。

　なお、兄弟姉妹が死亡している場合は、甥・姪が代襲相続しますが、甥・姪が死亡していても再代襲はせず、甥・姪の子は、法定相続人とはなりません。

⑥ その他の注意事項

上記によって相続人の範囲が確定しても、以下の場合には、注意が必要です。

イ．胎児がいる場合

戸籍上に表れません。

ロ．廃除・欠格があった場合

廃除・欠格があると相続人でなくなりますが、廃除があったか否かは推定相続人の身分事項欄で確認をすることができます。

欠格は、戸籍上に表れません。

4 法定相続情報証明制度

① 従前の法定相続人の確定手続について

従前は、3で述べた「相続人の範囲の確定」が終わったら、相続人は相続関係図とともに、各金融機関に対して、戸籍謄本類一式を提出していました。

しかし、戸籍謄本類一式といっても、1通で終わることはなく、改製前原戸籍やその前の戸籍、さらには除籍等、通常であれば5～10通、多い場合（第三順位相続等）には数十通もの戸籍謄本類一式が必要でした（以下、「戸除籍謄本類」といいます）。

金融機関によっては、「原本提出。原本還付せず」という実務をしていたところもあり、相続人の手間だけではなく、戸除籍謄本類一式を取り寄せるための費用もかなりの金額になっていました。

また、相続財産の不動産の名義変更でも戸除籍謄本類一式が必要でした。

つまり、「相続手続では、被相続人の戸除籍謄本等の束を、相続手続を取り扱う各種窓口に何度も出し直す必要があった」のです。

② 法定相続情報証明制度の導入

そこで、平成 29 年 5 月 29 日、不動産登記規則の一部を改正する省

令（平成29年法務省令第20号）が施行されて、「法定相続情報証明制度」がスタートしました。

　この制度は、相続人等が、登記所（法務局）に戸除籍謄本等の束を提出し、併せて相続関係を一覧に表した図（法定相続情報一覧図）を提出すれば、登記官がその一覧図に認証文を付した写し（＝法定相続情報一覧図の写し）を無料で交付するという制度です。

　相続人等は、その後の相続手続において、法定相続情報一覧図の写しを利用することにより、戸除籍謄本等の束を何度も出し直す必要がなくなります。

　また、金融機関や登記所における相続手続においても、金融機関や登記所は戸除籍謄本等の束を一回一回確認する手間がなくなります。

　具体的には、法定相続情報である、

　（ⅰ）被相続人の氏名、生年月日、最後の住所及び死亡の年月日

　（ⅱ）相続開始の時における同順位の相続人の氏名、生年月日及び相続人との続柄

を記載した書面（これを「法定相続情報一覧図」といいます）の保管、写しの交付を登記官に依頼することができるようになります（不動産登記規則247条1項1号、2号）。

③ 法定相続情報証明制度の利用手続

イ．利用者

　法定相続情報証明制度の利用者は、相続人、二次（それ以降も）相続人です。

　共同相続人全員ではなく、共同相続人の1名でも利用が可能です。

　また、代理人によっても利用は可能で、任意代理人になれるのは、戸籍法10条の2第3項に規定されている士業である弁護士、司法書士、土地家屋調査士、税理士、社会保険労務士、弁理士、海事代理士、行政書士（各その法人、例えば弁護士法人等を含む）です。

ロ．利用場所

　以下の場所を管轄する登記所になります（不動産登記規則247条1項本文）。

　（ⅰ）被相続人の本籍地もしくは最後の住所地

　（ⅱ）申出人の住所地

　（ⅲ）被相続人を表題部所有者もしくは所有権の登記名義人とする不動産の所在地

ハ．利用方法（申請方法）

　これについては、3つのステップを踏みます。

〔第1ステップ〕相続人の確定作業

今までと同じく、戸除籍謄本類を集める。

具体的には、

① 　被相続人の出生時からの戸除籍謄本または全部事項証明

② 　被相続人の最後の住所を証する書類

③ 　相続人全員の戸籍謄本（抄本）または記載事項証明

④ 　二次相続の場合は、その証明書類

⑤ 　申出人の住所・氏名の確認書類

等です（不動産登記規則247条3項2号から6号）。

　相続人の住所も記載してほしいときには、

⑥ 　相続人の住所の証明書類

もつけます（同条4項）が、これは任意です。

〔第２ステップ〕一覧図の作成

　申出人は、被相続人と法定相続人を一覧にした一覧図を作成します。

　書式は任意ですが、法務省のホームページに見本が掲載されていますので、参考書式になるでしょう。

　一例として、配偶者と子ども２名の場合を示しておきます（**図表 2-7**）。

　もっとも、これ以外の図や表であっても構いません。

〔第３ステップ〕申出書の記入・登記所への申出

　最後に、申出人は、申出書（**図表 2-8**）に必要事項を記載して、

・第１ステップで集めた戸除籍謄本類等の書類と

・第２ステップで作成した法定相続情報一覧図

を添えて、登記所に提出します。

　併せて、一覧図の保管および一覧図写しの交付を申請します。

ニ．申請後の流れ（一覧図の写しの交付）

　上記ハ．の流れで申請がなされると、登記所の登記官が、提出された戸除籍謄本類等の記載内容と一覧図の記載内容が合致していることを確認します。

　登記官が確認した場合は、認証文言を付した一覧図の写しの交付がなされる（**図表 2-9**）ので、金融機関としてはこの提出を受けて法定相続人を確認することになります。

　交付手数料は無料で、必要な通数が発行されますので、各金融機関について同時並行で相続手続を進めることも可能です。

図表 2-7 法定相続人が配偶者と子 2 名の場合の法定相続情報一覧図の例

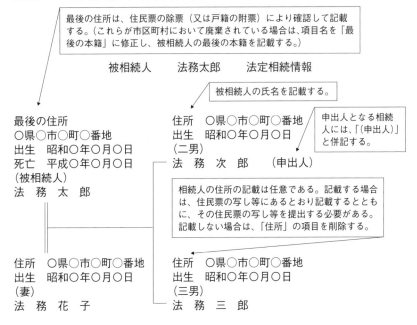

最後の住所は、住民票の除票（又は戸籍の附票）により確認して記載する。（これらが市区町村において廃棄されている場合は、項目名を「最後の本籍」に修正し、被相続人の最後の本籍を記載する。）

被相続人　　法務太郎　　法定相続情報

被相続人の氏名を記載する。

最後の住所
〇県〇市〇町〇番地
出生　昭和〇年〇月〇日
死亡　平成〇年〇月〇日
（被相続人）
法　務　太　郎

住所　〇県〇市〇町〇番地
出生　昭和〇年〇月〇日
（二男）
法　務　次　郎　　（申出人）

申出人となる相続人には、「（申出人）」と併記する。

相続人の住所の記載は任意である。記載する場合は、住民票の写し等にあるとおり記載するとともに、その住民票の写し等を提出する必要がある。記載しない場合は、「住所」の項目を削除する。

住所　〇県〇市〇町〇番地
出生　昭和〇年〇月〇日
（妻）
法　務　花　子

住所　〇県〇市〇町〇番地
出生　昭和〇年〇月〇日
（三男）
法　務　三　郎

以下余白

※続柄について、「配偶者」や「子」と記載すると相続税の申告に使用することができない場合があります。
※戸籍に記載がある続柄はそのまま記載してください。

作成者は作成した日を記載し、自身の住所を記載の上、署名又は記名押印する。

作成日：令和〇年〇月〇日
作成者：住所　〇県〇市〇町〇番地
　　　　氏名　　〇〇　〇〇　　　印

※法定相続情報一覧図は、A4 縦の用紙を使用してください。なお、下から約5cm の範囲に認証文を付しますので、可能な限り下から約5cm の範囲には記載をしないでください。紙質は、長期保存することができる丈夫なものにしてください。また、文字は、直接パソコンを使用し入力するか、又は黒色インク、黒色ボールペン（摩擦等により見えなくなるものは不可）で、楷書ではっきりと書いてください。

出所：「法務局」ウエブサイト「主な法定相続情報一覧図の様式及び記載例」

図表 2-8　法定相続情報一覧図の保管及び交付の申出書

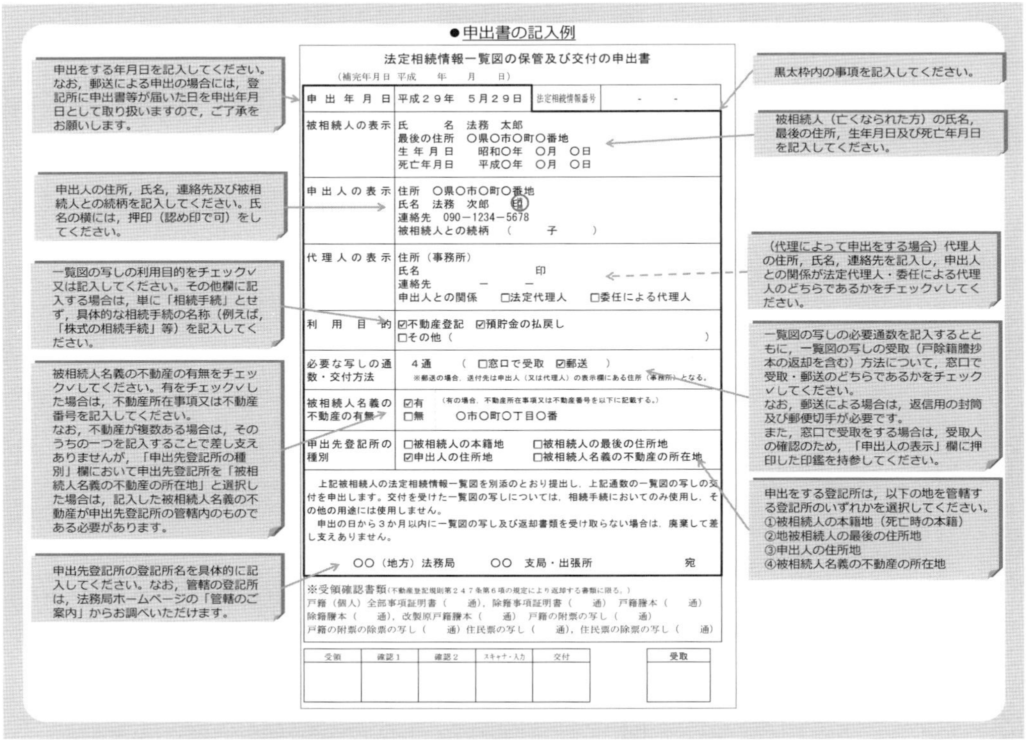

●申出書の記入例

申出をする年月日を記入してください。なお，郵送による申出の場合には，登記所に申出書等が届いた日を申出年月日として取り扱いますので，ご了承をお願いします。

申出人の住所，氏名，連絡先及び被相続人との続柄を記入してください。氏名の横には，押印（認め印で可）をしてください。

一覧図の写しの利用目的をチェックv又は記入してください。その他欄に記入する場合は，単に「相続手続」とせず，具体的な相続手続の名称（例えば，「株式の相続手続」等）を記入してください。

被相続人名義の不動産の有無をチェックvしてください。有をチェックvした場合は，不動産所在事項又は不動産番号を記入してください。
なお，不動産が複数ある場合は，そのうちの一つを記入することで差し支えありませんが，「申出先登記所の種別」欄において申出先登記所を「被相続人名義の不動産の所在地」と選択した場合は，記入した被相続人名義の不動産が申出先登記所の管轄内のものである必要があります。

申出先登記所の登記所名を具体的に記入してください。なお，管轄の登記所は，法務局ホームページの「管轄のご案内」からお調べいただけます。

黒太枠内の事項を記入してください。

被相続人（亡くなられた方）の氏名，最後の住所，生年月日及び死亡年月日を記入してください。

（代理によって申出をする場合）代理人の住所，氏名，連絡先を記入し，申出人との関係が法定代理人・委任による代理人のどちらであるかをチェックvしてください。

一覧図の写しの必要通数を記入するとともに，一覧図の写しの受取（戸除籍謄抄本の返却を含む）方法について，窓口で受取・郵送のどちらであるかをチェックvしてください。
なお，郵送による場合は，返信用の封筒及び郵便切手が必要です。
また，窓口で受取をする場合は，受取人の確認のため，「申出人の表示」欄に押印した印鑑を持参してください。

申出をする登記所は，以下の地を管轄する登記所のいずれかを選択してください。
①被相続人の本籍地（死亡時の本籍）
②地被相続人の最後の住所地
③申出人の住所地
④被相続人名義の不動産の所在地

法定相続情報一覧図の保管及び交付の申出書

（補完年月日 平成　　年　　月　　日）

申出年月日	平成２９年　５月２９日	法定相続情報番号	－　－
被相続人の表示	氏　　名　法務　太郎 最後の住所　○県○市○町○番地 生 年 月 日　昭和○年　○月　○日 死亡年月日　平成○年　○月　○日		
申出人の表示	住所　○県○市○町○番地 氏名　法務　次郎　㊞ 連絡先　090－1234－5678 被相続人との続柄　（　　子　　）		
代理人の表示	住所（事務所） 氏名　　　　印 連絡先　　－　　－ 申出人との関係　□法定代理人　□委任による代理人		
利用目的	☑不動産登記　☑預貯金の払戻し □その他（　　　　）		
必要な写しの通数・交付方法	４通　（□窓口で受取　☑郵送） ※郵送の場合，送付先は申出人（又は代理人）の表示欄にある住所（事務所）となる。		
被相続人名義の不動産の有無	☑有　（有の場合，不動産所在事項又は不動産番号を以下に記載する。） □無　○市○町○丁目○番		
申出先登記所の種別	□被相続人の本籍地　□被相続人の最後の住所地 ☑申出人の住所地　□被相続人名義の不動産の所在地		

上記被相続人の法定相続情報一覧図を別添のとおり提出し，上記通数の一覧図の写しの交付を申出します。交付を受けた一覧図の写しについては，相続手続においてのみ使用し，その他の用途には使用しません。
申出の日から３か月以内に一覧図の写し及び返却書類を受け取らない場合は，廃棄して差し支えありません。

○○（地方）法務局　○○　支局・出張所　宛

※受領確認書類（不動産登記規則第２４７条第６項の規定により返却する書類に限る。）
戸籍（個人）全部事項証明書（　通），除籍事項証明書（　通）戸籍謄本（　通）
除籍謄本（　通），改製原戸籍謄本（　通）戸籍の附票の写し（　通）
戸籍の附票の除票の写し（　通）住民票の写し（　通），住民票の除票の写し（　通）

受領	確認１	確認２	スキャナ・入力	交付	受取

出所：「法務局」ウェブサイト「申出書の記入例」

図表 2-9　法定相続情報一覧図の写し（見本）

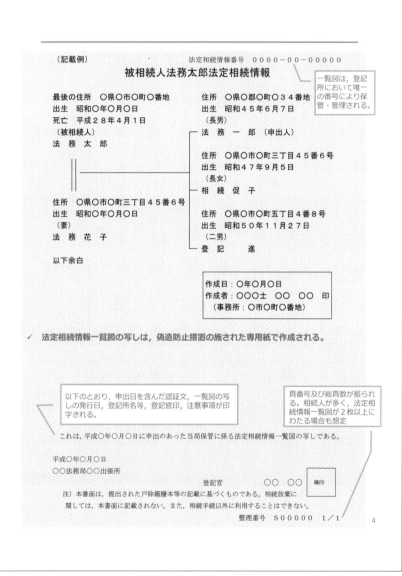

出所：法務省ウェブサイト「法定相続情報証明制度について」別紙2

134

つまり、この制度は、非常におおざっぱにいうならば、「今まで、金融機関の担当者が行っていた戸除籍謄本類による法定相続人の確認を、登記所の登記官が代わりにしてくれる」という制度です。

④ 金融機関における実務上の留意点

イ．一覧図はいろいろなバリエーションがあること

不動産登記規則上は、一覧図の書式に制定書式があるわけではありません。

法務省・法務局が、エクセルシートで公表しているのはあくまでも見本や例ですから、まったく異なる書式でも、法定相続情報である、

（ⅰ）被相続人の氏名、生年月日、最後の住所及び死亡の年月日

（ⅱ）相続開始の時における同順位の相続人の氏名、生年月日及び相続人との続柄

を記載した書面であれば、書式は何でも構わないということにもなります。

極端な話、相続関係図ではなくて、表形式であってもよいのです。

したがって、見慣れない一覧図の書式であったとしても、きちんと理解するだけの経験・知識が必要となります。

ロ．相続人の変化について

被相続人の死亡→戸除籍謄本等の収集→一覧図を登記所へ提出→写しの交付→金融機関における相続手続という一連の流れの中で、時間がどんどん経過していくことが普通です。

通常の相続手続と同じですが、法定相続人の死亡による二次相続の発生等が反映されていないことがあります。

一覧図の写しには「これは、平成○年○月○日に申出のあった当局保管にかかる法定相続情報一覧図の写しである」との認証文言が入りますから、この申出日と相続手続の日が離れているような場合には注意が必要です。

なお、一覧図の写しについて有効期間という概念は法的には特段あり

ません。

ハ．一覧図写しに記載されているのは、申出時に添付された戸除籍謄本類から判明する法定相続人であること

　つまり、戸除籍謄本類等に記載されていない、「相続放棄」「その後の法定相続人の死亡」「相続欠格」等は一覧図写しからは分かりません。

　廃除については、被相続人の死亡前に確定していれば、通常は戸除籍謄本類に記載されますが、遺言による廃除の場合は記載されませんので、このような場合も一覧図写しからは分かりません。

　もちろん、認知されていない子や出生前の胎児も分かりません。

　もっとも、これらは、相続人から金融機関の窓口で戸除籍謄本類一式の提出を受けて金融機関側で法定相続人の確認をしていたときと同じです。

　金融機関の相続における注意義務としては、「相続人から被相続人の預金の払戻請求があつた場合、銀行は、特段の事情のないかぎり、右相続人が正当な相続人であることを確認し、かつ遺言の有無について、右相続人について確かめることで足り、それ以上特別の調査をしなくとも払戻について過失があるとはいえないと解すべきである」とした裁判例（東京高判昭和 43 年 5 月 28 日）がありますので、それに準じて、上記の点は、口頭で確認をしておけばよいでしょう。

⑤ 登記官の認証した一覧図写しに誤りがあった場合

　申出人の作成した一覧図と申出人の提出した戸除籍謄本類のチェックは、登記所の登記官が行いますが、チェックを行うのはあくまで人間ですから、戸除籍謄本類の一部が漏れており、認証文言の付された一覧図が誤っているにもかかわらず、登記官のチェックをすり抜けて認証文言の付された一覧図写しが交付されてしまうということも絶無とはいえません。

　しかしながら、金融機関の担当者としては、一覧図写しの提出がなされればそれを基にして法定相続人を確認すればよく、あえて戸除籍謄本類一式の提出を求める必要はないものと思います。

そうでなければ、制度の意味がありませんし、余計なトラブルになるからです。

万が一、認証文言の付された一覧図写しが誤っていたとしても、それに従って相続手続を行った金融機関は「受領権者としての外観を有する者に対する弁済」をしたとして保護される（民法478条）ものと思います。

5 戸籍と個人情報保護

① 戸籍の情報は個人情報

個人情報保護法は、平成17年4月1日に施行され、その後、個人情報保護の高まりや指紋認証等の生体情報、ビッグデータ対応等が必要となったことから、平成29年5月30日に改正法が施行されました。

個人情報保護法にいう個人情報とは、概要、「生存する個人に関する情報」であって、「当該情報に含まれる氏名、生年月日その他の記述等により特定の個人を識別することができるもの」となっています（個人情報保護法2条1項1号）。

そして、個人情報には「他の情報と容易に照合することができ、それにより特定の個人を識別することができることとなるものを含む」とされています（同号括弧書き）。

相続手続において、相続人から戸除籍謄本一式を受け取った場合や法定相続情報証明制度に基づき法定相続情報一覧図の写しを受け取った場合、被相続人はすでに死亡していますが、それらの書類には被相続人等生存する個人に関する情報が記載されており、特定の個人を識別できますので、これらの書類は個人情報保護法にいう個人情報に該当します。

また、令和4年4月1日には、本人の権利保護強化や事業者の責務の追加等の改正法が施行されました。

令和5年4月1日には、行政機関個人情報保護法、独立行政法人等個人情報保護法、地方公共団体等の個人情報保護条例が、個人情報保護法に統一され、国の機関である個人情報保護委員会が全体を所管すると

いう改正法が施行されています。

② 機微（センシティブ）情報

　改正個人情報保護法2条3項は、「要配慮個人情報」として、「本人の人種、信条、社会的身分、病歴、犯罪の経歴、犯罪により害を被った事実その他本人に対する不当な差別、偏見その他の不利益が生じないようにその取扱いに特に配慮を要するものとして政令で定める記述等が含まれる個人情報」を定めて、通常の個人情報より厳しい取扱いを求めています。

　この「要配慮個人情報」には、本籍地は含まれていません。

　しかし、金融機関が遵守すべき「金融分野における個人情報保護に関するガイドライン」は「機微（センシティブ）情報」として、「本籍地」を定めています（同ガイドライン5条1項）。

　そして、「機微（センシティブ）情報」は、原則として、取得、利用、第三者提供が禁止されています。

　では、金融機関における相続手続ではどのようにすればよいのでしょうか。

　この点、同ガイドライン5条1項7号が「機微（センシティブ）情報」が取り扱える例外を定めています。

　具体的には、「相続手続による権利義務の移転等の遂行に必要な限りにおいて、機微（センシティブ）情報を取得、利用または第三者提供する場合」に例外が認められているのです（図表2-10）。

　また、同ガイドライン5条2項は、「金融分野における個人情報取扱事業者は、機微（センシティブ）情報を、前項に掲げる場合に取得、利用又は第三者提供する場合には、同項に掲げる事由を逸脱した取得、利用又は第三者提供を行うことのないよう、特に慎重に取り扱うこと」と定めており、金融機関の担当者が相続手続を行う際は、本籍地の取扱いについては格別な配慮を要します。

図表 2-10

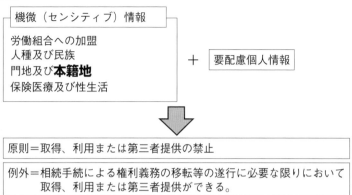

③ 全部事項証明書、戸除籍謄本類の取扱上の注意

　金融機関が、相続手続においてお客さまから全部事項証明書、戸除籍謄本類を徴求した場合、そこには機微(センシティブ)情報である「本籍地」が記されているので、全部事項証明書、戸除籍謄本類は、機微（センシティブ）情報に該当します。

　したがって、お客さまから全部事項証明書、戸除籍謄本類を取り受けた場合、その情報を相続手続以外の業務に使用することは厳禁です。

　例えば、定期預金や投資信託のセールスに、相続人のこれらの書類を流用するなどの行為をしてはいけません。

　また、相続手続上の必要性があって写し（コピー）をする場合であっても、それが機微（センシティブ）情報に該当することを十分に留意したうえで特に慎重な対応が必要ですから、念のためにコピーしておく、などといった対応をすべきではありません。

6 戸籍法の改正による利便化

① 戸籍法の一部を改正する法律の成立

　令和元年５月24日、戸籍法の一部を改正する法律（令和元年法律第

17 号）が成立しました。

戸籍法の主な改正は、昭和 23 年に親族法の改正を受けた全面改正、平成 6 年にコンピュータ処理に対応する改正、平成 19 年に個人情報保護の観点から公開制度の改正、平成 25 年に戸籍副本データ管理システム導入の改正があります。

今回の改正は、これらの改正に続くものです。

新システムの構築、稼働にはしばらく時間がかかるとは思いますが、実現すれば、市町村ごとに戸除籍謄本類を集めていたという従来の実務が変わります。

② 主な改正点

今回の戸籍法の改正は、戸籍副本データ管理システムを発展させた新システムを利用するものです。

戸籍副本データ管理システムは、法務省において戸籍副本を管理するシステムです。

このシステムを活用すれば、戸除籍謄本類において「各市区町村のコンピュータ・システムがネットワーク化されていない」という現在の問題を解決することができます。

新システムで対応が可能になる主な点は、次の点です。

イ．戸籍の届出における戸籍謄抄本の添付省略

本籍地以外の市区町村において、新システムを利用して本籍地以外の市区町村のデータを参照できるようにし、戸籍の届出における戸籍謄抄本の添付が不要となります。

ロ．本籍地以外での戸籍謄抄本の発行

自らや父母等の戸籍について、本籍地の市区町村以外の市区町村の窓口でも、戸除籍謄本類の請求が可能となります。

本人確認は、マイナンバーカードや運転免許証等により適切になされます。

7 マイナンバー（個人番号）について

　マイナンバー（個人番号）とは、「マイナンバー法」（正式名称は、「行政手続における特定の個人を識別するための番号の利用等に関する法律」）により住民基本台帳に記載されている者に付番される12桁の個人を特定する番号です。

　法律の正式名称からも分かるとおり、「行政手続」つまり「社会保障制度、税制、災害対策その他の行政分野」のために用いられる番号（同法第3条第4項）、それ以外の目的で収集し、保管してはいけません（同法20条）。

　金融機関の相続手続では、住民票の提出を受けることもありますが、必ず「マイナンバー（個人番号）記載のないもの」の提出を受けてください。

2 遺言による相続手続

　遺言がなければ、①で相続人を確定した後は、法定相続分をもとに遺産分割協議が進むことになります。しかし遺言がある場合は原則として遺言による遺産分割となりますので、ここでは遺言による相続手続を解説します。

　遺言には、主に自筆証書遺言と公正証書遺言がありますが、遺言の効力自体は同じです。

　ここでは、まず自筆証書遺言に基づく遺言書の見方を説明した後、公正証書遺言に基づく遺言書の見方を説明します。

1 自筆証書遺言の見方

① 2種類の自筆証書遺言

　遺言書保管法（法務局における遺言書の保管等に関する法律（平成30年法律第73号））が成立し、同法は、令和2年7月10日に施行されました。

　同じ「自筆証書遺言」であっても、遺言書保管法に基づく自筆証書遺言と従前の自筆証書遺言では、金融機関における手続は一部異なります。

　主な違いを図表にまとめておきます（図表2-11）。

② 検認手続（民法1004条1項）の確認

　遺言書保管法に基づく自筆証書遺言以外の場合は、最初に検認手続が必要になります。

　検認手続においては、「相続人目録」「相続関係図」を作成して、戸除籍謄本類一式を添付して家庭裁判所に提出します。

図表 2-11　遺言書保管法に基づく自筆証書遺言と従前の自筆証書遺言との違い

	遺言書保管法に基づく自筆証書遺言	従前（＝左記以外の）自筆証書遺言
遺言書の効力	自筆証書遺言としての効力を有する 公正証書遺言や秘密証書遺言は保管できない	自筆証書遺言としての効力は、遺言書保管法に基づく自筆証書遺言と同じ
検認手続	不要（遺言書保管法 11 条）	必要（民法 1004 条 1 項）
金融機関窓口での手続	遺言書情報証明書の提出（遺言書原本は、遺言書保管所に保管されている）	遺言書原本＋検認調書等の提出（遺言書原本は、コピーを徴求したうえで相続人へ返還）
遺言書の封印	できない 遺言書原本は、ホチキス止めや封緘をせずに、遺言書保管所に提出する	できる 封印のある遺言書は、家庭裁判所において相続人またはその代理人の立会いがなければ、開封することができない（民法 1004 条 3 項）
改ざん、紛失、亡失	事実上は、ない[※1]	ある
遺言の有効性	自筆証書遺言の「有効」「無効」が問題となることは、従前の自筆証書遺言に比較して、少ない[※2]	自筆証書遺言の「有効」「無効」が問題となることがある

※1　遺言書保管後、「遺言者の氏名、出生の年月日、遺言書保管所の名称及び保管番号」が記載された「保管証」が交付される。遺言者が推定相続人に保管所を利用して、遺言書の保管をしていることを伝えればよい。

※2　本人確認：遺言者自らが、遺言書保管所に出頭（代理人は不可）。遺言書保管官が、運転免許証等で本人確認を行っている。
　　　遺言能力：遺言書保管時のやり取りで、遺言書保管官が事実上確認できている。
　　　形式不備：遺言書保管官が、遺言書保管時に確認をしている。
　　　よって、遺言の有効性が問題となることは少ない。

　したがって、相続人から「家庭裁判所での検認が終わっています」と聴取できれば、相続人の確定は既に終わっていることになり、そのときの資料の提出を受ければよいことになります（図表 2-12）。

　戸除籍謄本類一式や遺言書の原本確認は、家庭裁判所が行っていますから、金融機関は再度、原本の提出を受ける必要はありません。

図表 2-12

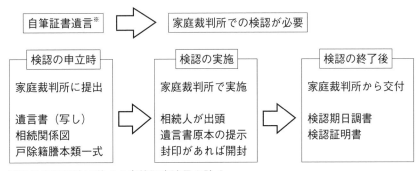

※遺言書保管法に基づく自筆証書遺言を除く

③ 遺言書の見方の実際

　では、**図表 2-13** に従って遺言書を見ていくことにしましょう。

　ここでは、遺言書保管法に基づく自筆証書遺言以外の従来の遺言の見方を解説していきます。

イ．遺言書（タイトル部分：「あ」の部分）

　必ずしも、「遺言書」というタイトルが必要ということではありません。

　民法上「遺言は、この法律に定める方式に従わなければ、することができない」（民法第960条）とありますが、民法に「自筆遺言証書には『遺言書』という記載がなければならない」旨の条文はありませんので、遺言書というタイトルがなくても自筆証書遺言の効力に影響はありません。

　もっとも、実際の自筆証書遺言の多くは、「遺言書」というタイトルがついています。

ロ．遺言者の記載（「い」の部分）

　共同遺言は、禁止されています（民法975条）。

　したがって、遺言者の記載の欄に「銀研太郎と銀研花子は、左のとおり遺言する」とあるような場合には、無効な遺言書となります。

　なお、遺言者の記載がなくとも、最後に氏名が自署されていれば、自筆証書遺言の要件は満たします。

図表 2-13　自筆証書遺言の例

```
                        遺 言 書 ──あ
         い
  遺言者　銀研太郎 は、以下のとおり遺言する。

1. 長男、銀研一朗には次の不動産および債権を 相続させる。──う

    1. 豊島区○○町１丁目２番26

       宅地112.65平方メートル

    2. 豊島区○○町１丁目２番26

       家屋番号　２番26居宅

       鉄筋コンクリート造陸屋根２階建

       １階　64.14平方メートル

       ２階　64.14平方メートル

    3. 前記家屋内にある什器備品その他一切の動産　　　え

    4. 遺言者が、株式会社研修銀行日本橋支店 貸金庫 第102号内に保管する遺

       言者名義の定期預金証書記載の預金債権全額

2. 妻、銀研花子には次の債権および株券を相続させる。

    1. 遺言者名義の教材信用金庫日本橋支店の総合口座通帳記載の預金債権全額

    2. 遺言者名義の株式会社よそかぜ銀行　秋葉原支店の総合口座通帳記載の預金

       債権全額

    3. 遺言者名義の株式会社日本建設の株式　10万株

3. 次男、銀研二朗には次の会員権を相続させる。

       大金井カントリークラブ正会員権　１口

       平成17年８月20日 ──お

          東京都豊島区○○町１丁目２番26　か

              遺言者　 銀 研 太 郎 　 印 ──き
```

ハ.「相続させる」旨の遺言

図表 2-13 の遺言書には「相続させる」と記載されています。

相続人に相続財産を残す場合、「遺贈する」ではなく「相続させる」

と記載する遺言書が多いのは、「相続させる」という遺言には、以下の効力があるからです。

判例（最二判平成3年4月19日）によれば、「特定の遺産を特定の相続人に『相続させる』趣旨の遺言があった場合には、当該遺言において相続による承継を当該相続人の意思表示にかからせた（「委ねた」「依存させた」などの意味合い）などの特段の事情がない限り、何らの行為を要せずして、当該不動産は被相続人の死亡時に直ちに相続により承継される」ということになっています。

つまり、不動産について所有者を変更するために登記手続をする場合、「遺贈」であれば他の共同相続人と共同で申請しなければなりませんが、「相続させる」遺言であれば相続を受けた者が単独で申請することが可能となるのです。

また、相続法が改正され、上記のような「相続させる」という旨の遺言、つまり、「遺産の分割の方法の指定として遺産に属する特定の財産を共同相続人の一人または数人に承継させる旨の遺言」を「特定財産承継遺言」として、遺言執行者に執行の権限を与えています（民法1014条）。

預貯金について、「相続させる」旨の遺言があった場合については次項❸②で説明します。

ニ．貸金庫についての記載（「え」の部分）

相続人の一人が貸金庫の開扉を求めてきた場合は、特に慎重な対応が必要となります。

自筆証書遺言（図表2-13）のような遺言書があった場合で、銀研一朗が株式会社研修銀行の日本橋支店に来店して、銀研太郎名義の貸金庫の開扉を請求してきたとしましょう。

原則として銀研一朗だけでの開扉は避けるべきです。

金融機関がこれを認めた場合、後で他の相続人から「貸金庫内に、他の相続財産が入っていたはずだ」「貸金庫内に、別の遺言書（第二遺言）が入っていたはずだ」などといわれると金融機関がトラブルに巻き込ま

れることになります。

　したがって、相続人からの貸金庫の開扉請求には慎重な対応が必要となります。

ホ．日付（「お」の部分）

　自筆証書遺言の場合、日付は遺言書が有効である必須の要件です（民法968条1項）。

　日付は、その時に遺言をするために必要な意思能力（＝遺言能力）があったかどうかを判断する材料となるだけではなく、遺言書が複数ある場合に、どの遺言が最終遺言かを決める際の材料にもなるものですから、民法は自筆証書遺言に日付を必須としているのです。

　したがって、自筆証書遺言に日付のない場合は遺言として無効になりますから注意してください。

ヘ．氏名（「か」の部分）

　自筆証書遺言の場合、氏名の自書は必須の要件です（民法968条1項）。

　記載例のとおりの氏名の記載であれば問題はありませんが、問題となる例として以下のようなものがあり、いずれも有効とされています。

　［有効の例］

　・氏の記載がないが、住所から遺言者がある人物と特定できる。

　・戸籍上の本名ではなく、通称、雅号、芸名であるが、住所から遺言者がある人物と特定できる。

ト．押印（「き」の部分）

　自筆証書遺言の場合、押印は必須の要件です（民法968条1項）。

　記載例の押印が実印で印鑑登録証明書も添付されているというのであれば問題はありませんが、問題となる例として以下のようなものがあります。

　［有効の例］

　・押印の印影が、実印による印影ではなく、三文判である。

　・押印の印影が、指印による印影である（最判平成元年2月16日民集

43 巻 2 号 45 頁)。

- ・帰化した者が、外国語で書いた遺言書で署名しかない（最三判昭和
  49 年 12 月 24 日民集 28 巻 10 号 2152 頁）。

〔無効の例〕

- ・押印の印影が、印章による印影ではなく、「花押」である（最二判
  平成 28 年 6 月 3 日民集第 70 巻 5 号 1263 頁）。

④ 自筆証書遺言に関する民法改正

「遺言は、この法律に定める方式に従わなければ、することができない」
（民法 960 条）とされています。

また、改正法前の民法は、自筆証書遺言について、「自筆証書によっ
て遺言をするには、遺言者が、その全文、日付及び氏名を自書し、これ
に印を押さなければならない」（民法 968 条 1 項）でしたので、遺産の
中に不動産や預貯金が数多くある場合、遺産の特定も自書しなければな
りませんでした。

図表 2-13 の遺言書もそのようになっています。

しかし、これでは、非常に手間がかかりますし、地番や家屋番号の表
記ミス、預貯金の金融機関名・支店名・口座番号名の表記ミス等、リス
クもありました。

そこで、民法が改正されて、平成 31 年 1 月 13 日より施行されました。

具体的には、民法 968 条 2 項を追加して、「前項の規定にかかわらず、
自筆証書にこれと一体のものとして相続財産（第九百九十七条第一項に
規定する場合における同項に規定する権利を含む。）の全部又は一部の目録
を添付する場合には、その目録については、自書することを要しない。
この場合において、遺言者は、その目録の毎葉（自書によらない記載が
その両面にある場合にあっては、その両面）に署名し、印を押さなければ
ならない」としました。

これにより、財産目録は、パソコン入力してプリントアウトした上で、
遺言書本体に添付し、署名、捺印すればよくなりました（遺言書本文自

身は、自書が必要です）。

　また、不動産の登記情報をコピーしたもの、金融機関の通帳や預貯金証書をコピーしたものでも財産目録として使用できますので、例えば、「財産目録１の預貯金については、銀研一朗に相続させる」と遺言書本体に記載して、当該金融機関の通帳や預貯金証書をコピーしたものを添付して「財産目録１」と記載し、署名・捺印をするような方法でも可能です。

⑤ 遺言書保管法に基づく自筆証書遺言

　遺言書保管法に基づく自筆証書遺言の場合、金融機関に呈示されるのは遺言書原本ではなく、「遺言書情報証明書」です（図表 2-14）。

　金融機関としては、遺言書原本の呈示がなされるわけではないこと、検認手続は不要であることを押さえておけば、あとは、従来の自筆証書遺言書と同じ手続になります。

図表 2-14　遺言書情報証明書の例

H01012020070000001500

遺言書情報証明書

遺言者	
氏名	遺言　太郎
出生の年月日	昭和○年○月○日
住所	○○県○○市○○町○丁目○番地○
本籍又は国籍（国又は地域）	○○県○○市○○町○丁目○番地

整理番号　ア０００００１　　　　　　　　　　　　　　　　　　　　　　　１／６

遺言書	
作成の年月日	令和2年7月10日
保管を開始した年月日	令和2年7月20日
遺言書が保管されている 遺言書保管所の名称	○○法務局
保管番号	H0101-202007-100
受遺者等　　（遺言書に記載された法務局における遺言書の保管等に関する法律第９条第１項第２号に掲げる者）	
氏名又は名称	甲山　花子
住所	○○県○○市○○町○丁目○番地○
遺言執行者等　　（遺言書に記載された法務局における遺言書の保管等に関する法律第９条第１項第３号に掲げる者）	
氏名又は名称	東京　和男
住所	○○県○○市○○町○丁目○番地○

整理番号　ア０００００１　　　　　　　　　　　　　　　　　　２／６

遺 言 書

1　私は，私の所有する別紙1の不動産と，長男遺言一郎（昭和○年○月○日生）に相続させる。

2　私は，私の所有する別紙2の（不動産）~~預貯金~~ ⑩を，次の者に遺贈する。

　　　住　　所　　○○県○○市○○町○丁目○番地○

　　　氏　　名　　甲山花子

　　　生年月日　　昭和○年○月○日

3　私は，この遺言の遺言執行者として，次の者を指定する。

　　　住　　所　　○○県○○市○○町○丁目○番地○

　　　職　　業　　弁護士

　　　氏　　名　　東京和男

　　　生年月日　　昭和○年○月○日

　　　令和2年7月10日

　　　　住所　　○○県○○市○○町○丁目○番地○

　　　　　　　　遺　言　太　郎　⑩

上記2中，3字削除3字追加　　遺言太郎

1／3

152

別紙１

2020/04/01　08:40　現在の情報です。

表　題　部	（土地の表示）	調製	余　白	不動産番号	△△△△△△△△△△△△△
地図番号	余　白	筆界特定	余　白		
所　在	△△△△区□□□一丁目			余　白	
①　地　番	②地　目	③　地　　積　　㎡		原因及びその日付〔登記の日付〕	
1番2	宅地	300：00		1番から分筆〔平成20年10月14日〕	
所　有　者	△△△△区□□□一丁目1番1号　民　事　記　子				

権　利　部（甲　区）	（所　有　権　に　関　す　る　事　項）		
順位番号	登　記　の　目　的	受付年月日・受付番号	権　利　者　そ　の　他　の　事　項
1	所有権保存	平成20年10月15日第△△△号	所有者　△△△△区□□□一丁目1番1号　民　事　記　子
2	所有権移転	平成20年10月27日第△△△号	原因　平成20年10月26日売買　所有者　△△△△区□□□一丁目1番2号　遺　言　太　郎

権　利　部（乙　区）	（所　有　権　以　外　の　権　利　に　関　す　る　事　項）		
順位番号	登　記　の　目　的	受付年月日・受付番号	権　利　者　そ　の　他　の　事　項
1	抵当権設定	平成20年11月12日第△△△号	原因　平成20年11月4日金銭消費貸借同日設定　債権額　金4,000万円　利息　年2・6%（年365日日割計算）　損害金　年14・5%（年365日日割計算）　債務者　△△△△区□□□一丁目1番2号　遺　言　太　郎　抵当権者　△△△△区□□□一丁目1番6号　株　式　会　社　○　○　銀　行

＊　下線のあるものは抹消事項であることを示す。

遺　言　太　郎　㊞

2 / 3

整理番号　ア000001　　　　保管番号　H0101-202007-100　　　　4 / 6

別紙2

遺言太郎 ㊞

3 / 3

上記のとおり遺言書保管ファイルに記録されていることを証明する。

令和2年10月10日
○○法務局

遺言書保管官
法務　三郎

整理番号　ア000001

6／6

出典：法務省

2 公正証書遺言の見方

① 検認手続

公正証書遺言では検認手続は不要です（民法 1004 条 2 項）。

② 遺言書の見方

では、**図表 2-15** に従って遺言書をみていきましょう。

イ．正本の記載（「あ」の部分）

正本は、原本の写しであって、原本と同じ内容であることを権限者が認証しているものであって、原本と同じ効力を有します。

公正証書の場合は、原本は公証役場に保管されています。

正本は公証人法 47 条以下の規定によって作成されます。

正本は、通常は 1 通で、相続の不動産登記手続は、正本により行います。

なお、謄本は、原本の写しであって、原本と同じ内容であることを権限者が認証しているものですが、原本と同じ効力はありません。

公正証書遺言の場合、遺言執行者が正本を持てば、遺言者が謄本を、遺言執行者が謄本を持てば、遺言者が正本を持っていることが多いのですが一概にはいえません。

金融機関の確認資料としては、正本でも謄本でも問題ありませんが、正本の提出があった場合はコピーをして正本は返却すべきでしょう。

ロ．証人の記載（「い」の部分）

公正証書遺言を行う場合、証人 2 名以上の立会いが必要となります（民法 969 条 1 号）。

証人は、公正証書の末尾に署名、押印して公証人が遺言者の口授とおり公正証書遺言を作成したことを確認します（「う」の部分）。

証人は、後に遺言者の意思能力が問題となったときに、遺言者が遺言をしたときの様子はどのようなものであったかなどを立証するのにも役に立つことになります。

図表2-15　公正証書遺言の例

遺言公正証書　あ　正本

平成拾八年壱月拾壱日

○○○公証役場

平成拾八年第○○○○号
遺言公正証書　あ　正本

本公証人は、遺言者銀研甲太郎の嘱託により、証人埼玉良子、証人千葉一男の立会のもとに、平成拾七年九月壱日、本公証役場において、遺言者の口述を以下のとおり筆記して、この証書を作成する。

第壱　私、遺言者銀研甲太郎は、次のとおり遺言をします。
私所有の左記「不動産の表示」に記載の不動産を含む私所有の現金、預貯金、有価証券、貴金属、家財等一切の財産を次の者に相続させます。
東京都板橋区○○町一丁目番壱号
私の長男　会社員　銀研乙太郎
昭和参拾年五月五日生

「不動産の表示」
壱　土地
所在　豊島区○○町一丁目
地番　参番弐六
地目　宅地
地積　八五・六四平方メートル

弐　建物
所在　豊島区○○町一丁目番地弐六
家屋番号　参番弐六
種類　居宅・店舗
構造　鉄筋コンクリート造陸屋根弐階建
床面積　壱階　六五・壱四平方メートル
　　　　弐階　六五・壱四平方メートル

第弐　方一、私についての相続が開始する以前に前記の私の長男銀研乙太郎についての相続が開始していた場合には、私は第壱口述した私の財産全部を次の者に相続させます。
東京都豊島区○○町一丁目番地弐六
私の孫　大学生　銀研丙次郎
昭和六拾年六月八日生

第参　私、遺言者は、遺言執行者として前記の私の長男銀研乙太郎を指定します。方一、私についての相続が開始する以前に前記の私の長男銀研乙太郎についての相続が開始していた場合には、前記の私の孫銀研丙次郎を指定します。

以上

157

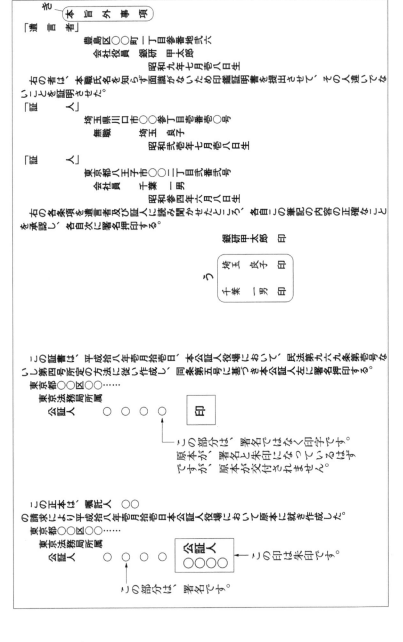

本旨外事項

「遺言者」
　　　　豊島区○○町一丁目参番地弐六
　　　　会社役員　銀研甲太郎
　　　　　　　昭和九年七月壱八日生
　右の者は、本職氏名を知らず面識がないため印鑑証明書を提出させて、その人違いでないことを証明させた。

「証人」
　　　　埼玉県川口市○○参丁目壱番壱○号
　　　　無職　埼玉良子
　　　　　　　昭和弐壱年七月壱八日生

「証人」
　　　　東京都八王子市○○三丁目弐番弐号
　　　　会社員　千葉一男
　　　　　　　昭和参四年六月八日生

　右の各条項を遺言者及び証人に読み聞かせたところ、各自この筆記の内容の正確なことを承認し、各自次に署名押印する。

　　　　　　　銀研甲太郎　印

う　　埼玉良子　印

　　千葉一男　印

　この証書は、平成拾八年壱月拾壱日、本公証人役場において、民法第九六九条第壱号ないし第四号所定の方法に従い作成し、同条第五号に基づき本公証人左に署名押印するものな
東京都○○区○○……
　東京法務局所属
　公証人　○　○　○　○

印

　　　この部分は、署名ではなく印字です。
　　　原本が、署名と朱印になっているはずです
　　　ですが、原本が交付されませんせん。

　この正本は、嘱託人　○○
の請求により平成拾八年壱月拾壱日、本公証人役場において原本に就き作成した。
東京都○○区○○……
　東京法務局所属
　公証人　○　○　○　○

公証人
○○○○

　　この印は朱印です。

　　この部分は、署名です。

158

ハ．「一切の財産を相続させる」旨の遺言（「え」の部分）

　この公正証書遺言では、遺言者である銀研甲太郎は、一切の財産を長男である銀研乙太郎に相続させる旨の遺言をしています。

　この遺言は、銀研甲太郎に配偶者や銀研乙太郎以外の子がいた場合には、それらの者の遺留分を侵害する遺言となりますが、遺留分を侵害する遺言だからといって無効となるわけではありません。

　この点は、自筆証書遺言でも同様です。

ニ．「相続発生以前に、銀研甲太郎について相続が開始していた場合」の記載（「お」の部分）

　この公正証書遺言では、遺言者である銀研甲太郎は、第1項で自分の全財産を長男に相続させる旨の遺言をし、第2項で自分の相続が発生する以前に、長男に相続が発生していた場合には、孫に相続させる旨の遺言をしています。

　このような遺言の記載をするのは、民法が「遺言者の死亡以前に受遺者が死亡した場合は、その部分の遺言は効力を生じない」旨を定めているからです（民法994条1項）。

　つまり、民法は、受遺者の地位は相続されないと規定していることになります。

　相続人の一人に「相続させる」旨の遺言をする場合、その相続人が遺言者である自分よりも先に（または同時に）死亡した場合に備えて、このような記載をします。

　この点も、自筆証書遺言でも同様です。

ホ．遺言執行者の指定（「か」の部分）

　この公正証書遺言では、遺言者である銀研甲太郎は、相続人である長男を遺言執行者としています。

　相続人であっても遺言執行者とすることは可能です。

　この点も、自筆証書遺言でも同様です。

へ．本旨外事項（「き」の部分）

　公正証書遺言の場合、その作成手順は法によって明記されており（民法969条）、遺言の内容そのものではない事項も公正証書遺言の中に記載されることになります。

　そこで、遺言の内容そのものではないことを明確にするために、「本旨外事項」と明記をしたうえで、遺言の内容そのものではない事項を記載することにしています。

3 遺言の執行

① 遺言の執行とは

　遺言の執行とは、遺言の内容を実現するために必要な行為を行うことです。

　遺言執行者を指定する、指定しないは原則として任意です（民法1006条1項）が（遺言による認知の場合等、ある一定の場合は必要です）、遺贈がある場合には遺言書で遺言執行者を指定していることが多いかと思います。

　これは、例えば相続人以外の者への特定遺贈がある場合、その特定遺贈を実現するには、その物を相続財産の中から探し出して、それを受遺者に引渡すという作業が必要となりますが、相続人がその物を隠してしまえば、相続財産の中にその物があるかどうかも分からないということになってしまうからです。

　また、極端な例では、相続人全員で「遺言書はなかった」ことにして、遺産分割協議書を作成してしまい、遺言を無視する可能性も否定できません。

　つまり、相続人と受遺者は利益相反の関係にあるため、相続人に遺言の執行をさせるのは不適当です。

　したがって、このような場合には、遺言者は遺言で、遺言執行者を指定して遺言執行者となるべき者に遺言書を預けておくことが多いので

す。

　遺言執行者は、「遺言者は、遺言で、一人又は数人の遺言執行者を指定し、又はその指定を第三者に委託することができる(民法1006条1項)」というのが原則ですが、利害関係人の請求によって家庭裁判所が選任することもあります（民法1010条）。

　遺言執行者に指定された者は、当然に遺言執行者となるのではなく、遺言執行者に就職するということを承諾してはじめて遺言執行者となります（民法1007条）。

② 遺言執行時の注意点

　遺言執行者がいる場合、「遺言執行者は、遺言の内容を実現するため、相続財産の管理その他遺言の執行に必要な一切の行為をする権利義務を有する」(民法1012条1項) ことになります。

　その裏返しとして、「遺言執行者がある場合には、相続人は、相続財産の処分その他遺言の執行を妨げるべき行為をすることができない」(民法1013条1項) ということになります。

　この場合に、預金実務で問題となるのは以下のような場合です。

イ．特定の預金について、特定の相続人に「相続させる」旨の遺言があった場合

　判例によれば、「遺言の執行という手続を経ることなく、その預金債権は被相続人の死亡時にただちに相続により承継される（＝遺言執行の余地はない）」と考えられます。

　では、遺言執行者がいる場合はどうでしょうか。

　この点については、従前は遺言執行者の権限を巡って、裁判例・学説が分かれていましたが、改正相続法で、立法的に解決をしました。

　つまり、「相続させる」という遺言については、改正相続法が次のように定めました。

　まず、民法1014条が「特定財産に関する遺言の執行」として、同条2項で「遺産の分割の方法の指定として遺産に属する特定の財産を共同

相続人の1人または数人に承継させる旨の遺言」を「特定財産承継遺言」と定義しました。

「遺産に属する特定の預金を（共同相続人の1人である）〇〇〇〇に相続させる」というのは、この「特定財産承継遺言」に該当します。

そして、遺言執行者の権限として、同項は、「遺言執行者は、当該共同相続人が民法899条の2第1項に規定する対抗要件を備えるために必要な行為をすることができる」としました。

法定相続分を超えた預金の相続を金融機関に対抗するためには、遺言の内容を明らかにして債務者である金融機関にその承継の通知が必要となりました（民法899条の2第2項）が、その権限が遺言執行者に認められています。

また、民法1014条3項は、「前項の財産が預貯金債権である場合には、遺言執行者は、同項に規定する行為のほか、その預金又は貯金の払戻しの請求及びその預金又は貯金に係る契約の解約の申入れをすることができる。ただし、解約の申入れについては、その預貯金債権の全部が特定財産承継遺言の目的である場合に限る」として、遺言執行者の権限を明確にしました。

これにより、被相続人が遺言で別段の意思を表示していない限り、金融機関は、遺言執行者に預金を払戻すことが可能になりました。

4 遺留分を侵害する遺言

遺言の内容が、遺留分（第1章8遺産分割5遺留分参照）を侵害するようなものであった場合に、その遺言の効果はどうなるのでしょうか？
すなわち、

イ．遺留分を侵害している遺言でも有効であり、そのとおりに相続手続がなされる

ロ．遺留分権利者は、受遺者または受贈者に対し、遺留分侵害額に相当する金銭の支払を請求することができる（民法1046条1項）

図表 2-17

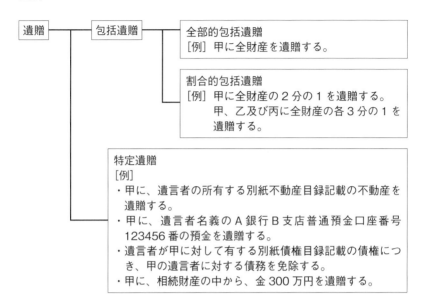

となりました。

　図表 2-15 の公正証書遺言の例でいうと、銀研甲太郎の取引金融機関は、銀研乙太郎を取引の相手方として、相続預金の払戻手続を行えばよく、銀研甲太郎に妻や銀研乙太郎以外の子供がいる場合であっても、その者達の遺留分を考慮する必要はありません。

　銀研甲太郎の妻や銀研乙太郎以外の子供が、銀研乙太郎に遺留分侵害請求権（金銭債権）を行使して、相続人間で決着をつけてもらえばよいということになります。

5 受遺者がいる場合

① 遺贈

　民法は、遺贈について「遺言者は、包括又は特定の名義で、その財産の全部又は一部を処分することができる」と定めています（民法 964 条）。

したがって、遺贈には、「包括の名義」でなされる遺贈と「特定の名義」でなされる遺贈の二種類があります。

　包括の名義でなされる遺贈を「包括遺贈」といいます。

　特定の名義でなされる遺贈を「特定遺贈」といいます。

　包括の名義とは、相続の対象となる財産の全部または一部を遺贈の対象にすることで、全ての財産を一人の受遺者に遺贈する「全部的包括遺贈」と財産の一定割合を受遺者に遺贈する「割合的包括遺贈」があります。

　特定の名義とは、特定の財産を示して受遺者に遺贈することです。

　厳密には、相続財産に属しない財産の遺贈や債務を免除するという遺贈も特定遺贈としては可能ですから、包括遺贈以外の遺贈が特定遺贈ということになります。

② 包括遺贈があった場合

　包括遺贈の例としては、「遺言者　甲野乙太郎は、長男の妻　甲野花子（昭和40年1月19日生）に対して、全財産の3分の1を遺贈する」というようなものが考えられます。

　この場合、包括受遺者となる「甲野花子」は、「包括受遺者は、相続人と同一の権利義務を有する」（民法990条）ことになりますから、遺産分割協議にも参加することになります。

　また、包括受遺者の場合は、消極的相続財産も「遺贈」されてしまいますから、もし遺贈を受けたくない場合には、相続人と同じく家庭裁判所で包括遺贈放棄の申述をして受理してもらう必要があります。

　金融機関としては、包括遺贈がある遺言書が提示された場合は、包括受遺者が遺産分割協議に参加しているかを確認することがポイントとなります。

　なぜなら、包括受遺者がいる場合、包括受遺者が遺産分割協議に参加していないと、その遺産分割協議が無効になるからです。

　改正相続法では、「共同相続における権利の承継」について、対抗要

件主義が定められました。

　民法899条1項は、概要、「相続による権利の承継は、遺産の分割によるものかどうかにかかわらず、法定相続分を超える部分については、登記、登録その他の対抗要件を備えなければ、第三者に対抗することができない。」としています。

　つまり、遺言執行の前に、他の共同相続人が、「遺産の分割前における預貯金債権の行使」（＝いわゆる、相続預金の仮払制度）を使って、一部の預金を払戻してしまうと、その払戻しは、金融機関に対抗できないことになります。

　預金債権の場合は、民法467条により、債務者である金融機関への通知書、または、金融機関の承諾書（＋確定日付）で第三者への対抗要件を具備することができます。

　つまり、他の共同相続人（包括受遺者も含む）の全員が、金融機関に配達証明付き内容証明郵便で遺言の内容を通知するか、または、他の共同相続人（包括受遺者も含む）の全員で金融機関に遺言の内容について承諾書をもらって確定日付を公証役場で押してもらうという手続になります。

　しかし、預金債権において、他の共同相続人（包括受遺者も含む）の全員の協力が得られるとは限りませんし、現実的ではありません。

　そこで、民法899条2項は、預金債権については、概要、「法定相続分を超えて承継した共同相続人が預貯金に係る遺言の内容を明らかにして金融機関にその承継の通知をしたときは、共同相続人の全員が債務者に通知をしたものみなす」こととしました。

　これにより、包括受遺者は、単独で預金について金融機関に対する対抗要件を具備することができます。

　金融機関としては、その場合は、包括受遺者も参加した遺産分割協議書等を確認して、預金の払戻しに応じることになります。

③ 特定遺贈があった場合

特定遺贈の例としては、「遺言者　甲野乙太郎は、長男の妻　甲野花子（昭和 40 年 1 月 19 日生）に対して、遺言者名義の A 銀行 B 支店　定期預金　口座番号 1234567　元本額 1,000 万円の預金をその元本と利息について遺贈する」というようなものが考えられます。

特定受遺者が、遺言書の存在を知っていれば、上記②と同じく、単独で遺贈について金融機関への対抗要件を具備することができますが、そのような事案は稀かと思います。

現実的には、遺言執行者が、「特定財産に対する遺言の執行」（民法1014 条）の権限を行使して、払戻すことになるでしょう。

3 遺産分割協議による相続手続

②では遺言による相続手続を説明しましたが、遺言がない場合や遺言があっても関係者全員が遺言と異なる遺産分割で合意した場合は、原則として遺産分割協議による相続手続となりますので、ここでは遺産分割協議による相続手続を説明します。

1 遺産分割協議書とは

遺産分割の結果を記載したものが遺産分割協議書です（**図表 2-18**）。

有効な遺産分割協議がなされたのであれば、指定相続分や法定相続分と異なる分割をすることも可能であるとされているので、遺産分割協議書が提出された場合には、金融機関は、遺産分割協議の有効性に問題がなければ、遺産分割協議書に従って預金の払戻手続に応じてもよいことになります。

具体的にいうと、

- イ．遺産分割協議に参加すべき者の全員が遺産分割協議に参加していること（共同相続人全員はもちろん、遺言執行者、包括受遺者、相続分の譲受人等がいれば、これらの者も参加しなくてはいけません）
- ロ．遺産分割協議に参加すべき者全員が、遺言の存在を知り、その内容を正確に理解した上で遺言の内容と異なる遺産分割協議書を作成したこと

の2つの条件を満たせば、その遺産分割協議書は遺言の内容と異なっていても有効な遺産分割協議書になるのです。

図表 2-18　遺産分割協議書の例

あ　遺産分割協議書

平成17年○月○日に死亡した 被相続人　銀研太郎 の相続財産について、同人の
相続人全員 は次のとおり遺産分割の協議をした。

記

1．相続人　銀研一郎　が相続する財産

(1) 次の土地

所在　東京都豊島区○○町

地番　10番5

地目　宅地

地積　123.33平方メートル

(2) 次の家屋

所在　東京都豊島区○○町　10番5

家屋番号　10番5

種類　居宅　構造　木造モルタル2階建

床面積　1階　65.12平方メートル　2階　38.45平方メートル

(3) 上記居宅内にあある家財一式

2．相続人　銀研一子　が相続する財産

(1) 研修銀行日本橋支店　普通口座　口座番号12345678　被相続人名義の
普通預金　3,456,123円

(2) 教材信用金庫　池袋支店　証書番号　9876543　被相続人名義の定期預
金　1,500,000円

以上

お　上記のとおり遺産分割協議が成立したので、これを証するため本書2通を作成し
て署名押印し、各自1通ずつ保有する。

か　平成17年○月○日

き　東京都豊島区○○町3丁目2番1号

相続人　銀研一郎　実印

埼玉県さいたま市○○区○○町4丁目5番6号

相続人　銀研一子　実印

② 遺産分割協議書の作成方法

　遺産分割協議書は、遺産分割協議に参加すべき者の全員（相続人、遺言執行者、相続分の譲受人（民法905条）や包括受遺者（民法990条）等）が署名し、実印による捺印をして、印鑑登録証明書を添付します。

③ 遺産分割協議書の見方 （図表2-18）

① 遺産分割協議書のタイトル部分（「あ」の部分）

　遺産分割協議書には通常「遺産分割協議書」とタイトルが付されていることが多いかと思いますが、仮にこのタイトルがなかったとしてもその内容から遺産分割協議書であることが分かれば遺産分割協議書として有効です。

② 被相続人の記載（「い」の部分）

　この遺産分割協議書は、誰の相続財産について遺産分割協議を行ったものかがこの部分で分かります。

　記載例では、銀研太郎について遺産分割協議を行ったことが分かるので、この遺産分割協議書の提示を受けた場合は、戸除籍謄本類、法定相続情報一覧図の写し（写しといっても、コピーではなく、登記所で交付を受けた書面そのものです）で銀研太郎について相続人は誰かを確定する作業をすることになります。

③ 遺産分割協議に参加する必要がある者の記載（「う」の部分）

　遺産分割協議に参加する権利義務のある者は、相続人全員が原則です。
　しかし、以下のとおり、例外もあるので注意を要します。

イ．相続放棄をした相続人

　相続放棄をした者は、最初から相続人でないことになるので（民法939条）、遺産分割協議に加わることはできません。

　相続放棄があったかどうかは、戸除籍謄本類、法定相続情報一覧図の写しでは確認ができないので、相続放棄申述受理証明書の提出を受けて

169

確認します。

　なお、ここでいう相続放棄とは「法律上の相続放棄」であって、「事実上の相続放棄」ではありません。

　「事実上の相続放棄」とは、一般的にある相続人Ａが被相続人Ｂの相続財産について他の相続人Ｃ、Ｄに対して「自分は、Ｂの財産はいらないからＣとＤで分けて」という意思表示をするような場合をいいますが、この場合Ａは法的には相続人ですから、遺産分割協議に参加していなくてはなりません。

　お客さまが「相続放棄をした」という場合であっても、それが法律上の相続放棄か単に事実上の相続放棄かで遺産分割協議の当事者が変わってきますから、注意してください。

　また、欠格や廃除と異なり、相続放棄した者の子には代襲相続権がないので、遺産分割協議に参加することはできません。

ロ．相続欠格（民法891条）、廃除（民法892条、893条）

　相続欠格者や廃除者がいる場合は、それらの者は遺産分割協議に参加することはできません。

　もっとも、欠格者や廃除者の直系卑属が代襲相続するので、これらの者がいる場合には、欠格者や廃除者の直系卑属が遺産分割協議に参加することになります。

ハ．相続分の譲受人（民法905条）や包括受遺者（民法990条）

　これらの者がいる場合には、遺産分割協議に参加することが必要です。

④ 遺産分割協議の内容（「え」の部分）

　全員の合意があるならば、指定相続分や法定相続分と異なる分割をすることも可能です。

　したがって、法定相続分や遺言の内容と異なる遺産分割協議書が提出されたとしても、遺産分割協議書の内容に沿って手続をすればよいことになります。

　図表 2-18 の具体例でいうと、銀研一子からこの遺産分割協議書を示された研修銀行日本橋支店の担当行員は、遺産分割協議書が有効に成立していれば、「普通口座　口座番号 12345678」の普通預金について、銀研一子へ払戻しをしてもよいことになります。

⑤ **遺産分割協議書の作成方法（「お」の部分）**

　遺産分割協議が調った場合は、遺産分割協議書を作成することになりますが、その作成方法がこの部分に示されています。

　図表 2-18 の具体例でいうと、まったく同じ内容の遺産分割協議書を２通作成して、銀研一郎と銀研一子がそれぞれの書面に署名、押印のうえ、１通ずつ持ち合うという方式で作成されたということが分かります。

⑥ **遺産分割協議書の作成日付（「か」の部分）**

　遺産分割協議書の作成日付は、遺産分割の評価基準時が相続発生時ではなく遺産分割の時点とされている点において意味を持ちます。

　また、遺産分割協議に参加した者が、遺産分割協議の当時に意思能力があったか否かが問題となったときの基準時としての意味もあります。

　その他、実務上は、未成年者本人が遺産分割協議書に署名、捺印していないかを確認するために重要な意味があります。

⑦ **相続人の署名、捺印欄（「き」の部分）**

　この部分に、遺産分割協議に参加したもの全員の署名、押印があります。

　実務上は、遺産分割協議に参加すべき者が全員参加しているか、未成年者など代理人によるべき者がいないか、各参加者の住所が、印鑑登録証明書上の住所になっているか、各参加者の押印が、実印による押印か、を確認することになります。

4 遺産分割協議書に添付される印鑑登録証明書

① **遺産分割協議書の押印**

　金融機関が遺産分割協議書に沿って相続手続を行う場合には、印鑑登

録証明書の添付を受けて、遺産分割協議書の印影が、実印かどうかの確認をします。

　本人が真意に基づいて作成した遺産分割協議書であれば、たとえ実印による押印がなかったとしても、本来有効な遺産分割協議書となるはずですが、遺産分割協議書の大半が、実印による押印で、印鑑登録証明書が添付されています。

　遺産分割協議書に印鑑登録証明書の添付がないような場合には、金融機関側で、個別に相続人と面談するなどして意思確認をします。

② 印鑑登録証明書の取扱上の注意

　遺産分割協議書の押印が実印によるもので、印鑑登録証明書が添付されていた場合、お客さまに印鑑登録証明書を返還するか、金融機関でそのまま保管するかを検討します。

　法的には、原本確認済と印鑑登録証明書のコピーに記載して役席者が捺印をしておけば、問題ありません。

　もっとも、印鑑登録証明書は本人の意思を確認する重要な書類ですから、印鑑登録証明書の原本を保管する場合には遺産分割協議書の写しに添付して紛失しないようにきちんと保管をするのが必要ですし、お客さまから印鑑登録証明書原本の返却を求められた場合でそのコピーを保管する場合であっても、その写しは原本と同様に厳重に保管すべきです。

4 遺産分割調停・審判による相続手続

1 家庭裁判所の調停と審判

　遺産の分割について、共同相続人間で協議が調った場合は、3でみたとおり遺産分割協議書が作成されて、相続手続は、遺産分割協議書によってなされることになります。

　しかし、遺産分割協議が、共同相続人間で調わない場合や協議をすることができない場合は、各共同相続人は、その分割を家庭裁判所に請求することに（民法 907 条 2 項）なります。

　この場合、家庭裁判所に対して申立を行う内容としては、以下の 2 つがあります。

①審判の申立（家事事件手続法 39 条別表第二 12 号）

　家庭裁判所において、裁判官が強制的に解決をする方法です。

②調停の申立（家事事件手続法 244 条）

　家庭裁判所において、調停委員を仲介役として当事者が話し合いをする方法になります。

　法律上は、いきなり、審判を申立することも不可能ではありません。

　しかし、遺産分割は、当事者が話し合いをして解決することが望ましいものである以上、通常は審判の申立があってもまずは調停に付して、調停が調わない場合（これを調停が「不調になる」といいます）に審判に移行するということが多いのが実務です。

　家事事件手続法 274 条 1 項で、「裁判所は、いつでも、職権で事件を

家事調停に付することができる」と定めており、実務上は調停を経て、調停が不調の場合に、審判となることがほとんどです。

そして、審判においては、家庭裁判所は「遺産に属する物または権利の種類及び性質、各相続人の年齢、職業、心身の状態及び生活の状況その他一切の事情を考慮して」（民法906条）遺産の分割を行うことになります。

審判における具体的な遺産分割の方法は、裁判官の判断に委ねられますが、相続人全員で遺産分割協議を行う場合や調停の場合と異なり、指定相続分または法定相続分を動かすことはできません。

2 金融機関の預貯金と遺産分割調停・審判

金融機関の預貯金について、最高裁判所は、旧来の判例を変更して「共同相続された普通預金債権、通常貯金債権及び定期貯金債権は、いずれも、相続開始と同時に当然に相続分に応じて分割されることはなく、遺産分割の対象となる」と判示しました（最大決平成28年12月19日民集70巻8号2121頁）。

したがって、今後は、預貯金についても、遺産分割調停・審判の対象になります。

3 遺産分割調停の調停書・遺産分割審判の審判書

遺産分割調停が成立した場合は、家庭裁判所において調書が作成されます。

「調停において当事者間に合意が成立し、これを調書に記載したときは、調停が成立したものとし、…確定した審判と同一の効力を有する」（家事事件手続法268条1項）とあり、家庭裁判所が作成した調停調書の謄本の提出を受けた場合はその調書の内容に従って相続手続を行えばよいことになります。

調停が不調に終わって、審判による遺産分割がなされた場合には、審

判書が作成されます。

　しかし、調停調書の場合と異なり、家庭裁判所が作成した審判書の謄本が提出されても、それだけで相続手続をすることはできないので注意が必要です。

　遺産分割に関する審判は、即時抗告ができるとされており、確定しなければその効力を生じないとされているからです（家事事件手続法74条2項ただし書き）。

　即時抗告の期間は審判を受ける者に対して告知があったときから2週間とされており（家事事件手続法86条）、審判書の謄本により相続手続を行う場合は、この期間が経過して審判が確定したことを確定証明書によって確認する必要があります。

　したがって、家庭裁判所が作成した審判書の謄本が提出された場合には、これと一緒に確定証明書の提出を受けることも必要になるので注意してください。

４ 遺産分割調停の調書（謄本）の見方 （図表2-19）

① 調書が成立した旨の表示（「あ」の部分）

　調書は、調停期日ごとに作成されるのが原則ですが、調停が成立した期日の調書には、確定した審判の審判書と同じ効力が認められるので、この場合は調書の中に「調停が成立した」旨が表示されます。

② 事件番号の表示（「い」の部分）

　家庭裁判所で採番している事件番号の表示であって、事件が何年かかっても同じ裁判所に係属している限り、同じ番号のままです。

　したがって、調書の内容に疑問がある場合に家庭裁判所に内容を確認するような場合には、この事件番号を担当の書記官に申し出て確認をすることになります。

③ 申立人の記載（「う」の部分）

　調停や審判では、調停や審判を申立した側の相続人を「申立人」と呼

図表 2-19　家庭裁判所調書の例

		調　　書（成立）			
い（事件の表示）		平成25年（家イ）第987号　遺産分割事件			
あ 当事者等及びその出頭状況		本　　籍　東京都 住　　所　東京都千代田区○○４－５－６ 　う（申立人）千代田　花子（出頭） 本　　籍　東京都 住　　所　東京都豊島区××１－２－３ 　え（相手方）豊島　一男（出頭） 本　　籍　東京都 最後の住所　東京都豊島区××１－２－３ 　お　　被相続人　豊島　一太郎 　　　　　　　　（平成25年２月10日死亡）以上			
期　　日		平成25年10月13日　午前11時00分			
場　　所		東京家庭裁判所▲▲支部			
裁判官		新宿　健児	家事調停委員	品川　正子	
裁判所書記官		渋谷　俊彦		田町　信一	

（下記の条項のとおり調停が成立した。）

　　　　東京家庭裁判所
　　　　　　か（裁判所書記官　渋谷　俊彦）

き

調停条項

1. 申立人と相手方は、別紙遺産目録記載の財産が被相続人豊島一太郎の遺産であることを確認し、これを次のとおり分割する。
   (1) 相手方　豊島一男は、次の遺産を取得する。
   　①別紙遺産目録１記載の土地
   　②同目録２記載の建物
   　③同目録３記載の現金、預金等
   (2) 申立人　千代田花子は、次の遺産を取得する。
   　①別紙遺産目録４記載の有価証券
2. 相手方　豊島一男は、前項（1）の遺産を取得した代償として、申立人、千代田花子に対して、金1,500万円を支払うこととし、平成17年11月末日限り申立人名義の研修銀行××支店普通預金口座（口座番号987654）に振込送金して支払う。
3. 申立人と相手方は、本調停事項に定めるか、何らかの債権債務のないことを相互に確認する。

　　　く（平成25年10月20日）
　　　　け（東京家庭裁判所▲▲支部
　　　　　　裁判官　新宿　健児）
　　こ（上記は謄本である。
　　　　同日同庁　裁判所書記官　渋谷　俊彦　印）

びます。

「申立人」は、一般の民事訴訟では「原告」に相当します。

④ 相手方の記載（「え」の部分）

調停や審判では、調停や審判を申立された側の相続人を「相手方」と呼びます。

「相手方」は、一般の民事事件の「被告」に相当します。

なお、遺産分割の調停は、関係する相続人全員が参加しなくてはならないので、申立人と相手方に関係する相続人全員が参加していることを確認する必要があります。

当然、家庭裁判所で関係する相続人全員が参加しているか否かを確認していますので、手続を行う金融機関においては、通常は、調停調書に従って対応すればよいことになります（疑問があれば、戸除籍謄本類、法定相続情報一覧図の写しで確認すればよいのですが、これらは家庭裁判所の事件記録を閲覧・謄写すれば確認できます）。

また、申立人側に複数の相続人の記載があり、相手方側に複数の相続人の記載があるような場合は、事件の対立構造がその記載から分かることになります。

⑤ 調停の期日、場所、裁判官等の記載（「お」の部分）

調停は、公正中立な家事調停委員2名（原則）が当事者の話を聞きながら、話し合いをまとめていくという手続がとられます。

実際に調停を行う機関としては、家事調停委員と裁判官からなる調停委員会です（家事事件手続法247条1項、248条1項）が、実際の調停手続で当事者の話を聞くのは家事調停委員であることがほとんどです。

そのための話し合いをする日を調停の期日といい、例では平成25年10月13日午前11時に調停がなされたことが分かります。

調停の場所は、その調停を行った場所であり、原則は家庭裁判所の中でなされることになっています。

例では、東京家庭裁判所▲▲支部で調停が開かれたことが分かります。

裁判官は、事件を担当した裁判官であり、家事調停委員による調停がまとまると家事調停委員からの連絡を受けて、最後に当事者である申立人、相手方双方の意思を慎重に確認して、そのとおり間違いないということであれば、調停を成立させます。

　例では、新宿健児が裁判官となっています。

　裁判所書記官は、事件を担当した書記官であり、調停調書を作成します。

　事件について、何かを確認する必要がある場合には、事件番号を伝えた上で、書記官に連絡をします。

　家事調停委員は、事件ごとに、家庭裁判所が指定する者です（家事事件手続法248条2項）。

　一般的には、民間の有識者が指定されることが多く、2名のうち弁護士が1名指定される場合があります。

⑥ 調停調書の作成名義（「か」の部分）

　調停調書は、書記官が作成します。

　例では、渋谷俊彦が裁判所書記官であり、調停調書を作成しています（「か」の部分）。

⑦ 調停条項の記載（「き」の部分）

　実際の調停の内容が記載されています。

　例では、遺産目録3に記載している預金は相手方豊島一男が取得することになっているので、遺産目録3に記載している預金がある金融機関は、豊島一男を相続手続の相手方として相続手続を行うことになります。

⑧ 調停調書の作成日（「く」の部分）

　調書を作成すること自体は、裁判所書記官の職務です（家事事件手続法253条）。

　しかし、期日その日のうちに調停調書が作成されるとは限らず、調停調書が後日作成されることも多くあります。

例の記載では調停期日が、平成 25 年 10 月 13 日ですが、調停調書の作成日は平成 25 年 10 月 20 日であることが分かります。

⑨ 裁判官の署名、押印（「け」の部分）

調書の原本には、裁判官の署名、押印があります（自筆、朱印です）。

しかし、通常相続手続で提出されるのは、謄本ですから、この部分は印字された裁判官の氏名だけになります。

⑩ 謄本であることの記載（「こ」の部分）

この調停調書の謄本を作成した書記官の名前と職印があります（職印は朱印です）。

例の記載では、平成 25 年 10 月 20 日、東京家庭裁判所書記官である渋谷俊彦が、この謄本を作成したことが分かります。

謄本の内容が、原本と一致していることは東京家庭裁判所書記官である渋谷俊彦が公証していることになります。

謄本の職印が黒いものは謄本自体ではなく、謄本のコピーです。

5 家事審判書の見方 (図表 2-20)

① 事件番号の表示（「あ」の部分）

家庭裁判所で採番している事件番号の表示であって、事件が何年かかっても同じ裁判所に係属している限り、同じ番号のままである点は調停と同じです。

調停が不成立の場合は、調停の申立の時に審判の申立があったものとみなされて（家事事件手続法 272 条 4 項）、事件は調停手続から審判手続への当然に移行するのですが、事件番号は調停と審判では別に採番されます。

審判事件について、家庭裁判所に確認したいことがある場合に、事件番号を裁判所書記官に伝えて確認する点も調停と同じです。

② 審判書である部分の表示（「い」の部分）

この謄本は、家事審判書であることが示されています。

図表 2-20　家事審判書の例

あ　平成25年（家）第1717号　遺産分割申立事件

い　審　判

本　　籍　　東京都

住　　所　　東京都豊島区○○４－５－６

　　　申　立　人　大塚　花子

　　　申立人弁護人　駒込　哲

う　本　　籍　　東京都

住　　所　　東京都新宿区××９－８－７

　　　相手方　中野三郎

本　　籍　　東京都

最後の住所　東京都新宿区××９－８－７

　　　被相続人　中野　一太郎

主　文

え　被相続人　中野一太郎（平成25年４月12日死亡）の遺産である別紙遺産目録(1)(2)の金銭債権を申立人５分の２、相手方５分の３の各割合で取得させる。

申立人及び相手方は、前項による取得債権を別紙遺産目録掲記の第三債務者からそれぞれ払い戻しを受けることができる。

お　理　由

…………（略）…………

よって主文のとおり審判する。

か　平成25年11月25日

き　平成25年11月29日

く　東京家庭裁判所

　　　裁判官　東京公一

け　これは謄本である。

同日同庁　裁判所書記官　神田正二　印

180

③ 当事者の表示の部分（「う」の部分）

　当事者は、調停の場合と同じです。

④ 主文の表示の部分（「え」の部分）

　審判の主文であって、調停の調停条項に該当します。

　もっとも、審判は調停と異なり話し合いによる解決ではなく、裁判官による強制的な解決方法ですから、当事者が合意すれば、ある程度柔軟に調停条項を作成できる調停とは異なり指定相続分や法定相続分に反する審判はできず、実際の審判の主文もそれを踏まえたものにならざるを得ません。

　したがって、現実の審判における主文は例のような主文になることがあります。

⑤ 理由の表示の部分（「お」の部分）

　審判の理由であって、民事訴訟における判決理由と同じく、どうしてそのような審判をしたのかその理由が示されています。

⑥ 審判の日付の表示（「か」の部分）

　審判がなされた日ですが、審判の確定はこの日を基準に計算されるのではなく、「審判を受ける者に対して告知があったとき」から２週間となっていますから、厳密にいうと一致しない場合があります。

　したがって、審判の日から２週間が経過しているから確定しているとは限らず、実際の手続においては確定証明書による確認が必須となります。

⑦ 審判書の作成された日付の表示（「き」の部分）

　審判書を作成した日付が示されています。

⑧ 裁判官の名前の表示（「く」の部分）

　家事事件手続法は、「審判は、審判書を作成してしなければならない」（同法76条１項）としており、記載事項については、「審判書には、次に掲げる事項を記載しなければならない」（同条２項）として、「一　主文　二　理由の要旨　三　当事者及び法定代理人　四　裁判所」としています。

ただし、審判書の原本には、裁判官の自筆の署名、朱印の押印があります が、通常相続手続で提出されるのは、謄本であるので、この部分は印字された裁判官の氏名だけが記載されています。

　これも調停調書の場合と同じです。

⑨ 謄本であることの記載（「け」の部分）

　この審判書の謄本を作成した書記官の名前と職印があります（職印は朱印です）。

　記載例では、平成 25 年 11 月 29 日、東京家庭裁判所書記官である神田正二が、この謄本を作成したことが分かります。

　謄本の職印が黒いものは謄本自体ではなく、謄本のコピーです。

第3章

金融機関における相続実務

1 相続発生時の対応

1 取引先死亡の第一報

　金融機関が取引先の死亡を知るケースは、いくつかのパターンがあります。

　一番確実なのは、相続人が戸除籍謄本類を持参して金融機関の窓口に来た場合です。

　それ以外にも、①相続人から電話があった、②相続人が、被相続人名義の通帳と取引印をもって窓口に来て、「ご本人様は？」と確認したところ、実は死亡していることが判明した、などがあります。

　さらには、③被相続人が著名な人物で、死亡を新聞やニュースで知った場合、④渉外担当者が、外廻り中に偶然取引先の葬儀が営まれていることを知った場合等、相続人と関係なく金融機関が取引先の死亡を知る場合があります。

　いずれの場合でも、取引先の死亡が確認された場合は、ただちに、相続設定（取引先死亡登録）のオペレーションを行い、店頭（自金融機関の他の営業店を含めて）やATM等において、預金が払戻されることがないようにしなくてはなりません。

　そうしないと、正当な権利者でない者が預金を払い戻した場合に、金融機関は善管注意義務を問われて、最悪の場合、二重払いを余儀なくされる可能性があります。

　キャッシュカードの喪失と同じく、取引先死亡の第一報は電話であっ

たとしても、取りあえず、相続設定（取引先死亡登録）のオペレーションを行います。

② 取引内容の確認と取引の停止

　相続設定（取引先死亡登録）のオペレーションを完了した場合は、被相続人との取引内容を確認します。

　相続設定（取引先死亡登録）のオペレーションだけでは、自動的に取引が停止しないものがあれば、個別に停止をしなければならないからです。

　これらの取引には、「貸金庫取引」「保護預り」「口座振替」「融資取引」「保証人としての保証取引」「物上保証人としての担保提供」等、営業店の預金課と渉外課をまたいでの連携が必要になる場合もあります。

　さらには、保険、証券等の金融商品取引があれば、それらの取引も停止する必要があります。

　相続設定（取引先死亡登録）のオペレーションで、どの範囲の取引が自動的に停止になるのかは、各金融機関のシステムによって異なるので、個別に取引を停止しなければならない取引を漏らしてはいけません。

③ 個別取引の取扱い

① 口座振替

　口座振替請求があっても引落としは行わないのが、通常ですが、相続人の依頼等があって、例外的に引落としを行うような場合は、相続人全員の依頼を受けて、対応することも可能です。

　口座振替は、「電力会社から、電気代の請求が金融機関に来たら、その額を私の口座から引落としてください」という事務の委託ですから、法律的には「準委任」（民法 656 条）となります。

　そうすると、委任の規定が準用されます。

　委任には、「委任終了後の処分」として、概要、「委任が終了した場合

において、急迫の事情があるときは、受任者は、委任者が委任事務を処理することができるに至るまで、必要な処分をしなければならない」とあります（民法654条参照）。

　これを、一般的に「応急措置義務」といいます。

　この規定を根拠にして、公共料金等生活に必須な口座振替については、例外的に引落とすことも可能となります。

② 小切手等の支払呈示

　振出人等の死亡を事由とする0号不渡りで返却するのが原則です。もっとも、個人事業主で相続人のうちの誰かが事業を承継するような場合は、「0号不渡り」とはいえ、「信用に瑕がつくから避けたい」という場合もあるでしょう。

　このような場合は、口座振替同様、相続人全員の依頼を受けて、決済することも可能です。

③ 振込（被仕向）

　原則として、そのまま入金することになります。

4 取引先の死亡の確認

　取引先の死亡の事実は、戸籍からの除籍によって確認します。

　戸籍の身分事項欄において、「死亡」の記載があれば、それで確認ができます。

　戸籍法上、「死亡の届出は、届出義務者が、死亡の事実を知った日から7日以内（国外で死亡があったときは、その事実を知った日から3カ月以内）に、これをしなければならない」（同法86条1項）とありますので、戸籍上除籍にならないうちに、取引先の死亡を確認する場合もあります。

　このような場合は、死亡診断書または死体検案書で確認することができます。

2 相続手続をするための前提の確認

1 相続人の確認

①戸除籍謄本類による確認方法

　被相続人について、相続人を確認するために、戸籍を死亡から出生まで遡ってつなげて確認します。

　金融機関で戸除籍謄本類そのものを保管する必要はありません。

　相続人には、「戸除籍謄本類とそのコピー一式をお持ちください。金融機関で確認後、戸除籍謄本類のほうはお返しいたします」といえば親切です。

　また、自筆証書遺言書保管制度を利用していない自筆証書遺言がある場合で、すでに家庭裁判所での検認手続を終えている場合には、検認の申立人は、被相続人（遺言者）の戸除籍謄本類を家庭裁判所に提出して、相続人が確定していますはずですから、そのときに家庭裁判所に提出したときの戸除籍謄本類（原本還付を希望すれば還付してくれる家庭裁判所がほとんどです）があれば、それでも確認できます。

　相続人が、原本還付を受けていなければ、検認事件の事件記録の謄写を家庭裁判所で行ってもらって、その提出を受けるという方法もあります。

　なお、第三順位相続（相続人が被相続人の兄弟姉妹となる相続）については、被相続人の兄弟姉妹を確認しなければなりません。

　その場合は、被相続人の両親について、さらに死亡から出生まで遡っ

て戸籍をつなげる必要がありますから、戸除籍謄本類が膨大となって相続関係図にも誤りや見落としが出やすくなります。

　さらに、第三順位相続の場合は、相続人の甥・姪までが兄弟姉妹を代襲して相続して法定相続人となります（民法889条2項により代襲相続を定めた同法887条2項が準用されます）。

　もっとも、甥・姪の子は、法定相続人とはなりません（民法889条2項は、再代襲相続を定めた同法887条3項を準用していません）。

　被相続人が、100歳で亡くなった場合、被相続人の兄が既に死亡しており、甥・姪が90歳前後ということはよくあります。

　このような場合、甥・姪が生存していれば、法定相続人となります。

　しかし、相続手続に時間をかけていると、その甥・姪もその間に死亡してしまうという事態が起こります。

　この場合は、二次相続の発生となり、甥・姪の配偶者や子も被相続人の相続人となります。

　そうすると、ただでさえ多い相続人がさらに増えることになってしまいますので、特に、融資の相続手続では、早めの相続手続が必要になります。

②法定相続情報証明制度による確認方法

　平成29年5月29日以降は、従前の確認方法に加えて、法定相続情報証明制度による確認も可能になりました。

　この方法は、相続人（または代理人）が、「法定相続情報一覧図」を作成して、登記所に戸除籍謄本類一式と共に提出すると、登記官が認証をしてくれるという制度です。

　この方法によれば、従前、金融機関で行っていた相続人の確認作業については、事実上登記官が行ってくれることになります。

　したがって、金融機関としては、登記官の認証がなされた「法定相続情報一覧図の写し」の提出を受ければ、そこに記載された法定相続情報に基づいて法定相続人を確認できることになります。

　なお、法定相続情報一覧図の「写し」といっても、コピーのことではありません。

　住民票の「写し」と同じです。

　コピー機で複写したものとは違います。

　住民票の原本は、市町村役場にあって、住民票原本は持ち出しすることができません。

　したがって、住民票の「写し」とは、市町村役場にある住民票原本に記載されている事項を写したものになります。

　よって、住民から、「住民票の写し」の請求があった場合、市町村役場は、電算化された住民基本台帳から直接印字されたものに、市長印を押して、発行します。

　法定相続情報一覧図の「写し」もこれと同じ仕組みですので、相続人に「法定相続情報一覧図の写し」の提出を依頼する際には、「コピーのことではありません。登記所で受取ったものをそのままお持ちください」と説明すると丁寧です。

2 相続分の確認

　相続関係図が完成したら、各相続人の法定相続分を確定します。

　相続関係図とは、被相続人の相続関係を図にしたもので、例えば**図表3-1-1**のようなものです。

　相続割合については、既に第1章で述べましたが、養子、代襲相続、半血兄弟姉妹等は特に間違えやすいので注意してください。

3 遺言書の有無の確認

　相続関係図が完成した場合は、次に、遺言書の有無の確認を行う必要があります。

　遺言書の有無の確認は、一度だけではなく、相続預金の払戻しをする際にも再度確認しなくてはなりません。

相続設定をしたときには、遺言書が発見されておらず、四十九日を過ぎて仏壇の中から発見されるような場合もあるからです。

　自筆証書遺言保管制度を利用した自筆証書遺言や公正証書遺言の場合の確認の手順は、図表のとおりです（図表 3-1-2）

　次に、遺言書がある場合には、その有効性を確認します。

　また、検認手続についても確認をします（図表 3-1-3）。

　自筆証書遺言書保管制度を利用していない自筆証書遺言や秘密証書遺言では、金融機関において、方式不備の確認は必須です。

　方式不備の遺言書を有効なものとして、預金の払戻に応じた場合は、金融機関の善管注意義務を問われる可能性があります。

図表 3-1-1　相続関係図
（1）相続人が配偶者とお子様など（第一順位）の場合

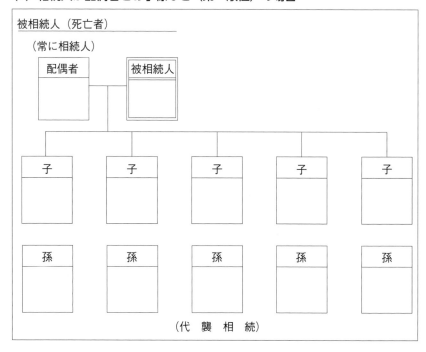

（2）相続人が配偶者とご両親等直系尊属（第二順位）の場合

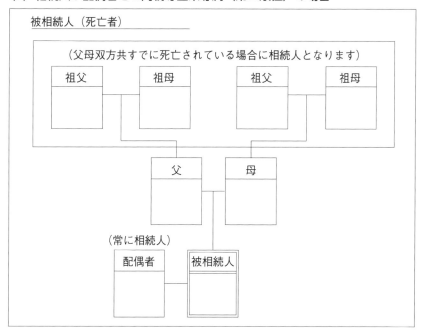

（3）相続人が配偶者と兄弟姉妹（第三順位）の場合

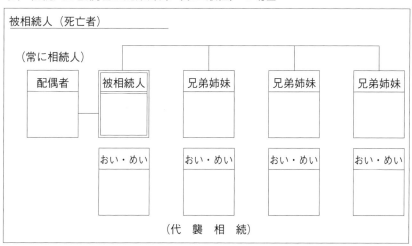

図表 3-1-2

	自筆証書遺言保管制度を利用した自筆証書遺言	公正証書遺言
遺言の有無の確認（遺言検索）	全国どの遺言書保管所でもできる。保管の有無は、「遺言書保管事実証明書」[※1]による。	平成元年以降に作成された公正証書遺言であれば、どの公証役場でも可能。昭和に作成された公正証書遺言であれば、遺言検索を依頼した公証役場のみしか検索ができない。
遺言書の内容の確認	全国どの遺言書保管所でもできる。遺言書情報証明書による。	原則として、作成された公証役場で、公正証書遺言の謄本を受領する。令和元年4月1日より、郵送でも可[※2]

※1　保管されていない場合には、「保管されていないことを証明する。」となる。
※2　「作成公証役場」、「作成年」、「証書番号」が判明している場合に可能。

図表 3-1-3

	自筆証書遺言保管制度を利用していない自筆証書遺言	自筆証書遺言保管制度を利用した自筆証書遺言	秘密証書遺言[※1]	公正証書遺言
確認する書面	自筆証書遺言そのもの＋検認済証明書[※2]	遺言書情報証明書	秘密証書遺言そのもの＋検認済証明書[※2]	公正証書遺言の正本又は謄本
方式不備の確認	必要	不要	必要	不要
偽造・変造	可能性がある。	可能性がない。	可能性がない[※3]	可能性がない。
亡失・紛失	可能性がある。原本は遺言者が保管する。	可能性はない。原本は遺言書保管所に保管。	可能性がある。原本は遺言者が保管する。	可能性はない。原本は公証役場に保管。
遺言能力	問題となることがある。	問題となることは、事実上ない。	問題となることは、事実上ない。	問題となることは、事実上ない。
検認手続	必要	不要	必要	不要

※1　ほとんど利用が無い。
※2　検認済証明書に遺言書のコピーが添付されているが、多くの金融機関では遺言書そのものの提出を求めている。検認調書にも遺言書のコピーが添付されているが、同様である。
※3　公証人の封紙が破られていないことが前提。

　方式不備の遺言書でも検認手続を経ることは可能ですから、検認手続を経ているからといって有効な遺言とは限りません。

　これは、「検認」の手続の意味が、①相続人に対し遺言の存在及びその内容を知らせる、②遺言書の形状、加除訂正の状態、日付、署名など検認の日現在における遺言書の内容を明確にする、③遺言書の偽造・変造を防止する、ことを目的とした手続だからです。

　したがって、検認は、遺言の有効・無効を判断する手続ではないことに注意が必要です。

　これに対して、偽造・変造、遺言能力の有無等は金融機関では確認できません。

　他の相続人から、「遺言能力の有無を争う」「偽造・変造された遺言書だから無効である」等の事前の連絡あった場合や、金融機関が検認調書の提出を受けた場合において、検認調書に、相続人が「これは、被相続人の文字ではない」と主張していた記載※があったような場合を除いて、有効な遺言として取り扱っても善管注意義務の問題は原則として生じません。

　※検認済みを証明する書面としては、「検認調書」または「検認済証明書」がありますが、検認調書には、立ち会った相続人の陳述が記載されています。

④ 遺産分割協議書の確認

　遺産分割協議をするかしないかは、原則として、相続人の任意です。

　一般的に、相続財産に不動産がなく、預貯金だけの場合は、遺産分割協議をしないこともあります。例えば、相続人全員が協力して、各金融機関に「相続届」を提出して、預貯金の払戻を受けてそれを相続人間で分配して相続手続を終えるような場合があります。

　遺産分割協議があれば、遺産分割協議に参加すべき者が全て参加しているか、印鑑登録証明書の添付がなされているか、などを確認してくだ

さい。

なお、遺産分割協議がなされてから相当の月日が経ってから金融機関に遺産分割協議書が提出された場合、遺産分割協議書に添付されている印鑑登録証明書の発行日から3カ月以上経っていることもあります。

この場合でも、遺産分割協議は有効です。

なぜなら、「法令で別段の定めがない限り、印鑑登録証明書に有効期間はない」というのが原則だからです。

例えば、印鑑登録証明書の有効期間は、不動産登記手続では3カ月であり、犯罪収益移転防止法上の本人確認資料であれば、6カ月ですが、相続手続においては、特に有効期間というものはありません。

5 調停調書・審判書の確認

遺産分割協議がまとまらない場合、調停による分割がなされ、それでもまとまらない場合は、審判によって分割されることになります。

この場合には、調停調書・審判書の謄本を確認します。

もっとも、家庭裁判所の審判に不服がある場合には、高等裁判所に不服申立て（即時抗告）ができますので（家事事件手続法198条1項1号）、審判書の謄本だけではなく、その審判が確定していることの証明書（確定証明書）の提出をあわせて受けなければなりません。

3　相続手続にあたり提出を受ける書類

1　各取引に共通して必要な書類

① 常に必要な書類

イ．相続人を確定するために必要な戸除籍謄本類または登記官が認証した法定相続情報一覧図の写し

　被相続人については、相続人を確定するために、死亡時から遡って出生時までの戸除籍謄本類の提出を受けます。

　第三順位の相続（相続人が被相続人の兄弟姉妹となる相続）であれば、被相続人の両親についても、死亡時から遡って出生時までの戸除籍謄本類の提出を受けます。

　平成29年5月29日以降はこれらの戸除籍謄本類による相続人確定方法のほか、法定相続情報証明制度による方法も利用できます。

　この場合は、登記官が認証した法定相続情報一覧図の写しの提出で足ります。

ロ．相続人全員の戸除籍謄本類

　相続人全員についても、戸除籍謄本類が必要になります。

　被相続人と一緒の戸籍であれば、その戸籍謄本で問題ありません。

　法定相続情報一覧図の写しで、相続人全員の生年月日、住所が確認できれば不要です。

　なお、法定相続人の住所は一覧図の任意的記載事項であるため、一覧図に法定相続人の住所の記載がないときには、住民票の写しなど別の書

類で確認が必要となります。

ハ．窓口で手続をする相続人の印鑑登録証明書

　最低限、窓口で手続をする相続人の印鑑登録証明書が必要になります。

　例えば、遺言書がなく、遺産分割協議もなされていない場合であって、一部の相続人に、遺産の分割前における預貯金債権の行使の制度（民法909条の2）により、預貯金を払戻す場合です。

② 各場合において必要となる書類

イ．相続人全員の印鑑登録証明書

　相続届等、金融機関宛の書面を相続人全員に署名・捺印してもらう場合は、相続人全員について実印で押印してもらい、印鑑登録証明書の添付が必要となります。

ロ．遺言執行者の印鑑登録証明書

　遺言執行者を取引相手とする場合には、遺言執行者の印鑑登録証明書が必要になります。

　問題は、遺言執行者が弁護士の場合ですが、弁護士は所属する弁護士会で職印を登録することができます。

　このような場合には、弁護士個人の実印の印鑑登録証明書ではなく、弁護士としての職印の印鑑登録証明書の提出を受けることも可能です。

ハ．自筆証書遺言保管制度を利用していない自筆証書遺言

　自筆遺言証書の原本と家庭裁判所の検認済証明書の提出を受けます。

　検認済証明書には、遺言書のコピーが添付されて契印がありますから、自筆証書遺言の原本との同一性を確認します。

　なお、検認済証明書の代わりに、検認調書の謄本でも可です。

　こちらであれば、検認にはどの相続人が立ち会い、どのような意見を述べたか（相続争いが発生しそうか？）が分かります。

ニ．自筆証書遺言保管制度を利用した自筆証書遺言

　遺言書情報証明書の提出を受けます。

　遺言書の原本の提出を受ける必要はありません。

ホ．公正証書遺言

公正証書遺言があり、公正証書遺言に従って相続する場合には、公正証書遺言書の謄本の提出を受けます。

公正証書遺言の「正本」の提出を受けた場合は、金融機関ではコピーをとって、「正本」は顧客に返します。

「正本」は「謄本」と異なり、通常は１通しか発行されず、不動産の相続登記手続は、原則として正本で行うからです（なお、最近は、謄本でも登記手続が可能な法務局もあります）。

なお、金融機関における相続手続では、正本でも謄本でもどちらでも問題ありません。

ヘ．遺産分割協議書

遺産分割協議書があり、遺産分割協議書に従って相続する場合には、遺産分割協議書の原本と遺産分割協議書に添付されている相続人（＋遺言執行者、包括受遺者等、遺産分割協議に参加しなければならない者がいれば、それらの者も含めて）全員の印鑑登録証明書の原本の提出を受けます。

いずれも、金融機関でコピーをとって、原本は顧客に返します。

ト．遺産分割調停調書の謄本

遺産分割調停に従って相続する場合には、遺産分割調停調書の謄本の提出を受けます。

チ．遺産分割審判書の謄本

遺産分割審判に従って相続する場合には、遺産分割審判書の謄本の提出を受けますが、調停と異なって、審判の確定を確認しなければなりません。

したがって、審判の確定証明書の提出も受けます。

リ．相続放棄申述受理証明書

先順位である子（第１順位）がいるにもかかわらず、直系尊属（第２順位）、兄弟姉妹（第３順位）といった後順位の相続人が相続人となる場合は、先順位の相続人の相続放棄を確認しますが、これは、家庭裁判所

が発行する相続放棄申述受理証明書の提出を受けて確認します。

ヌ．限定承認申述受理証明書

　限定承認があったことを確認する場合には、家庭裁判所が発行する限定承認申述受理証明書の提出を受けます。

　限定承認は、相続人全員でしなければなりませんが、限定承認した相続人が複数いる場合には、相続財産管理人が選任されます。

　その場合は、相続財産管理人選任の審判書の謄本が必要になります。

ル．相続廃除の場合の書類

　相続の廃除は、戸籍に記載されるので、それで確認します。

　戸籍に記載されていない場合は、相続人廃除の調停調書または確定証明書の付いた審判書で確認できます。

ヲ．相続欠格の場合の書類

　相続欠格については、相続廃除と異なり、戸籍で確認することができません。

　民法891条1号「故意に被相続人又は相続について先順位若しくは同順位にある者を死亡するに至らせ、又は至らせようとしたために、刑に処せられた者」については、「検察庁の事務官が証明した刑事裁判事件の判決書の内容の要旨及び判決が確定した旨が記載された書面」で確認が可能です。

　しかし、それ以外の事由については、「相続欠格者自身が実印を押印して作成した相続欠格に該当することを証明する書面」にあわせて印鑑登録証明書の提出を受ければ確認はできますが、相続欠格者がこのような書面を書くとも思えません。

　結局、他の相続人が担保欠格者に対して欠格事由に該当することを理由として、「相続人の地位不存在確認の訴え」を提起して、その判決書の謄本と確定証明書の提出を受けることになるでしょう。

② 各取引に必要な書類

　上記❶の他、各取引において、必要な主な書類は以下のとおりです。

　個々の事案に応じて、必要な書類は異なりますので、詳細は、後述する各事案を参照にしてください。

① 預貯金取引

・相続人が署名、捺印した払戻請求書（相続関係届）

・払戻しを受ける相続人が署名、捺印した「受領証」

・名義書換する場合は、相続人が署名、捺印した名義書換依頼書

・預貯金通帳、預貯金証書（ない場合は、喪失届）

・届出印の変更届

・キャッシュカード・代理人カード（ない場合は、喪失届）

・当座取引の場合は、当座取引解約書

② 融資取引

イ．免責的債務引受の場合

・原則として、相続人全員が連署した免責的債務引受契約証書[※1、※2]

・保証人（信用保証協会、基金協会を含む）、物上保証人の同意書

　※1 民法474条2項が「弁済をするについて正当な利益を有する者でない第三者は、債務者の意思に反して弁済をすることができない。ただし、債務者の意思に反することを債権者が知らなかったときは、この限りでない」と定めているため。

　　　もっとも、ただし書きの適用により、金融機関が免責を受けることになる相続人の意思に反することを知らなかった場合は、当該相続人の署名無しでも手続は可能です。

　※2 債務引受をする相続人以外の相続人への通知が可能であれば、民法472条2項の規定「免責的債務引受は、債権者と引受人となる者との契約によってすることができます。この場合において、免責的債務引受は、債権者が債務者に対してその契

約をした旨を通知した時に、その効力を生ずる」を利用して、当該相続人への通知を前提として、当該相続人の署名無しでも手続は可能です。

ロ．併存的債務引受の場合

・債務を引受ける相続人が署名した併存的債務引受契約証書

　金融機関の実務では、相続人全員の連署を求めることが多いですが、法的には債務を引受ける相続人の署名で足ります。

③ 貸金庫取引

・解約する場合…相続人（包括受遺者や遺言執行者等がいればその者も含む）全員が連署した「貸金庫取引解約書」

・開扉して中身を確認する場合…相続人（包括受遺者や遺言執行者等がいればその者も含む）全員が連署した「貸金庫開扉依頼書」

4 預貯金取引の相続実務

1 各預貯金取引共通の相続実務

まず、各預貯金取引について、共通となる考え方は、以下のとおりです。

① 判例の考え方

従来は、預貯金債権は法定相続分により相続の発生と同時に、当然に分割小計されるものとされており、遺産分割の対象外でしたが、判例変更（最大決平成28年12月19日民集70巻8号2121頁）により、預貯金債権も遺産分割の対象となりました。

② 相続の実務

上記判例変更により、預貯金債権は遺産分割の対象になったことから、原則として、遺産分割が終わるまでは、払戻しに応じることはできません。

もちろん、相続人全員の同意（遺言執行者がいる場合には、遺言執行者の同意）をもって払戻すことは可能です。

なぜなら、相続人全員の同意があれば、当該預貯金債権のみについては個別に遺産分割協議がなされたものと判断できるからです。

遺産の一部についてのみ遺産分割協議ができることは、改正相続法によって条文上も明記されました（民法907条1項）

③ 遺産の分割前における預貯金債権の行使

上記①及び②ですと、当面の生活費や葬儀費用が必要になった相続人が困ることになります。

そこで、改正相続法は、遺産の分割前においても、預貯金債権について一定の範囲で相続人が単独で払戻を受けられる制度を設けました（民法909条の2）。

　いわゆる、「仮払い」と呼ばれる制度です。

　ルール（計算式）は、以下のとおりです。

イ．各相続人は、相続預貯金のうち、口座ごと（定期預貯金の場合は明細ごと）に以下の計算式で求められる額については、家庭裁判所の判断を経ずに、金融機関から単独で 払戻しを受けることができます。

　　なお、法的には定期預貯金については、満期が到来していることが前提ですが、実務上は中途解約して対応する金融機関が多いと思います。

　〔計算式〕

　　口座ごと（定期預貯金は明細ごと）の相続開始時の残高×1/3×法定相続分

ロ．上限

　同じ金融機関（同じ金融機関の複数店舗に相続預貯金がある場合は、全店舗合計）からの払戻しは150万円が上限になります（民法909条の2に規定する法務省令で定める額を定める省令）。

ハ．具体例

　〔事例〕

　A金融機関において、被相続人の普通預貯金が600万円、定期預貯金が1,200万円あった場合で、相続人が、配偶者、子2名の場合を検討します。

　配偶者は、普通預貯金から600万円×1/3 × 1/2 ＝ 100万円の払戻しを受けることができます。

　A金融機関から、配偶者が仮払いを受けられる預貯金の上限額は150万円ですから、後の50万円は、定期預貯金から払戻しを受ける

ことになります。

　金融機関としては、法的（定期預貯金約款）上、中途解約に応じる義務はありませんが、実務上は中途解約に応じることがあります。

　この場合は、定期預金から50万円を仮払いすることになりますが、問題は、残りの1,150万円の取扱いです。

　定期預貯金を中途解約した場合は、定期預貯金の利息ではなく、普通預貯金の利息となることが多いかと思います。他の相続人（事例では子2名）への不利益を避けるためには、中途解約して、1,150万円の元本になった定期預貯金について、相続発生日に起算して、定期預貯金の利息を付けることが必要となります。

　この場合、相続発生時の残高証明書を発行すると定期預貯金の残高が1,200万円ではなく、1,150万円で発行される可能性があります。自金融機関のシステムがどのようなシステムになっているのかを確認の上、対処が必要となります。

④ 家庭裁判所の保全処分による預貯金債権の行使

　上記③ではなお、当面の生活費や葬儀費用が不足する場合には、家庭裁判所の保全処分によって、預貯金債権を行使することができます（家事審判法200条3項）。

　家庭裁判所に遺産の分割の調停や審判が申し立てられている場合、その結論が出るにはかなりの年月がかかります。

　この場合、各相続人は、家庭裁判所へ申し立ててその保全処分を得ることにより、相続預貯金の全部または一部を仮に取得し、金融機関から単独で払戻しを受けることができます。もっとも、その金額は、生活費の支弁等の事情により相続預貯金の仮払いの必要性が認められ、かつ、他の共同相続人の利益を害さない範囲となります。

　金融機関としては、家庭裁判所が仮に取得させることを認めた金額について払戻しに応じることになります。

　この場合は、家庭裁判所の審判書の謄本と確定証明書の提出を受ける

ことになります。

⑤ 遺言執行者の権限の明確化

　預貯金債権が遺産分割の対象となったことにより、原則として、預貯金債権の解約・払戻は、遺言者遺言執行者の権限となりました。

　しかし、いわゆる「相続させる」旨の遺言（特定財産承継遺言）があった場合については、争いがありました。

　これは、判例（最二判平成3年4月19日民集第45巻4号477頁）が、「相続させる」旨の遺言の効果として、原則として、「何らの行為を要せずして、当該遺産は、被相続人の死亡の時に直ちに相続により承継される」としており、遺言執行の余地はないとも考えられたためです。

　そこで、改正相続法では、このような場合でも遺言執行者の解約・払戻権限を明確にしました（民法1014条3項）。同項は、預貯金債権について、遺言執行者の権限として、①金融機関に遺言の内容を通知して、対抗要件を具備すること（＝例えば、他の相続人が当該預貯金について、仮払制度を使えないようにするために、通知をすること等）、②預貯金の払戻しの請求及び解約すること、を定めました。

　ただし、解約については、その預貯金の全部が特定財産承継遺言の目的である場合に限りますので、注意が必要となります（同項ただし書き）。

2 当座預貯金

① 当座預貯金の法的性質

　当座預貯金は、取引先に振出した小切手・手形の支払を金融機関に委託する支払委託契約（民法656条の準委任契約）及び支払資金、その他の資金を金融機関に預けておく預金契約（民法666条の消費寄託契約）の2つの性質の契約が複合した契約ということになります。

② 当座預貯金の相続

　当座預貯金のうち、預金契約の部分は、預金残高が相続されることは、普通預貯金や定期預貯金と変わりません。

　では、支払委託契約については、個人取引先が死亡したらどうなるのでしょうか。

　この点、存続説もありましたが、現在の通説・実務は終了説です。

　当座勘定規定のひな型にも、「取引が終了した場合、金融機関は、小切手・手形の支払義務を負わない」旨が規定されており、「取引の終了」には、個人取引先の死亡も含まれると解されています。

③ 実務対応

　当座預貯金は、解約して、支払停止とします。当座預貯金残高を別段預貯金へ留保します。

　当座預貯金残高については、一般の普通預貯金と同じく、相続人へ払い戻します。

　未使用分の小切手・手形については、可能な限り回収します。回収できない場合には、「紛失により貴金融機関へ未使用小切手・手形を返却できません。これにより、貴金融機関には迷惑をかけません」という旨の念書を相続人から徴求しておくべきです。

3 普通預貯金

① 普通預貯金の法的性質

　普通預貯金は、口座振替や振込があった場合はこれを受入する契約（民法656条の準委任契約）及び支払資金、その他の資金を金融機関に預けておく預金契約（民法666条の消費寄託契約）の２つの性質の契約が複合した契約ということになります。

② 普通預貯金の相続

　普通預貯金のうち、預貯金契約の部分は、預貯金残高が相続されることは、当座預貯金や定期預貯金と変わりません。

　では、口座振替については、どうでしょうか？

　公共料金の自動引落とし等の口座振替は、準委任契約です。

　委任契約は、委任者の死亡によって終了するため（民法653条１号）、

原則としては、口座振替契約も終了となる考え方もありますが、必ずしもそのようにはいえず、預貯金契約上の地位を相続人全員が共有しているとも考えられます。

この点、死亡後に普通預貯金口座を被仕向口座として振込があった場合も同じです。したがって「相続発生により終了」ではなく、慎重に対応します。

③ 実務対応

普通預金は、相続設定をして、支払停止とし、遺産分割の結果に従って払戻しをします。

口座振替、被仕向振込については、「(準) 委任の終了後の処分」(民法656条、654条) として、対応することが可能です。

4 定期預貯金

① 定期預貯金の法的性質

定期預金は、あらかじめ満期 (払戻期日) を定めておき、その満期が到来するまでは、払戻しをしないことを特約した定期預貯金です。

② 定期預貯金の相続

イ. 満期 (払戻期日) の特約について

定期預貯金については、満期前の払戻しの申出をするには、民法上、契約者の地位を承継した共同相続人全員によってなされる必要があります。

これは、民法544条1項が「当事者の一方が数人ある場合には、契約の解除は、その全員から又はその全員に対してのみ、することができる」と定めているためです。

しかし、定期預貯金に相続が発生したとしても、上記①に示した特約が変わるものではありません。

ロ. 定期預貯金の中途解約について

従前は、裁判例で、「預金者は、定期預貯金について期限前払戻請求

権を有していない」と判示しており（東京地判平成 20 年 6 月 27 日 金融法務事情 1861 号 59 頁）、金融機関は、満期前の払戻しの申出に応じる必要はありませんでした。

　旧民法では、消費寄託である預貯金契約について、消費貸借の規定を準用することとしていましたが（旧民法 666 条 1 項）、これであれば、住宅ローンについて期限の利益を喪失していないのに、「今すぐ全額返せ」といわれる筋合いがないのと同様、金融機関も定期預貯金の満期が到来していないのに、「今すぐ中途解約しろ」といわれる筋合いはありませんでした。

　しかし、改正債権法の施行(令和 2 年 4 月 1 日)により、預貯金について、寄託の規定を準用することとなり、「寄託者（預貯金者）は受寄者（金融機関）に対していつでもその返還を請求できる」規定が適用され、民法上は、「別段の合意」がない限り、定期預貯金の満期日前であっても解約できることになりました。

　したがって、多くの金融機関は、「別段の合意」として、定期預貯金の満期日前解約の制限について預貯金規定で明確化しています。

　これにより、定期預貯金の中途解約は従前と同様の取扱いになっています。

　なお、金融機関側から中途解約することは可能です（民法 666 条 3 項、591 条 2 項、3 項）。

ハ．自動継続について

　「自動継続」扱いの定期預貯金は、自動継続特約を、委任契約として考え、委任者の死亡により終了し（民法 653 条 1 号）、以後の自動継続は停止とする考えもありますが、自動継続特約は、定期預貯金契約の一部（最二判平成 13 年 3 月 16 日 集民第 201 号 441 頁）として考えて、停止しないという考えもあります。

　ほとんどの金融機関は、上記判例を受けて、定期預貯金規定に、「自動継続の定期預金について、仮差押・差押命令等の債権保全・執行手続

等がなされた場合には、自動継続をしない」旨の定めをしました。

　しかし、定期預金規定に、「自動継続の定期預金について、相続が発生した場合には、自動継続をしない」旨の定めがある金融機関は稀かと思います。

　したがって、相続人全員から払い戻しの請求があるまでは、自動継続としておいた方が安全です。

③ 実務対応

イ．相続人全員を取引相手とする場合

　預貯金規定に、金融機関が預貯金者からの中途解約請求に応じる義務を負わない旨の定めがあれば、定期預貯金について、中途解約に応じる義務は金融機関にはありません。しかし、実務上は、中途解約に応じることが多いと思います。

　このような場合、「定期預貯金の中途解約と同じ扱いにして、払戻す」、「中途解約せずに名義を被相続人から相続人に書き換える」のいずれかの対応をしています。

　なお、満期到来前の定期預貯金について、各相続人が分割して定期預貯金を承継することは、システムのオペレーションが複雑になります（いったん、中途解約して、全額を払戻しした上で、再度、分割して各相続人名義で定期預貯金を作成することになりますが、起算日扱いとなります。この場合、中途解約オペレーションで発生した普通預貯金の利息をどうするかという問題も生じます）。

　このような場合は、満期まで待ってから手続してもらうべきでしょう。

ロ．一部相続人を取引相手とする場合

　判例変更により遺産分割がなされるまでは一部相続人に法定相続分を払戻すということは、原則として、できなくなりました。

　遺産分割協議（調停調書、審判書＋確定証明書）により、当該定期預貯金を承継する相続人が手続をすれば、「定期預貯金の中途解約と同じ扱いにして、払戻す」、「中途解約せずに名義を被相続人から相続人に書き

換える」のいずれでも対応が可能です。

　遺産の分割前における預貯金債権の行使（相続預金の仮払い…民法909条の2）がなされた場合ですが、定期預貯金規定に、金融機関が預貯金者からの中途解約請求に応じる義務を負わない旨の定めがあれば、中途解約に応じる必要はありません。

　しかし、やむを得ず応じる場合には、他の相続人の不利益になってはいけませんので、厳密にいえば、①中途解約に応じて仮払いをする、②残りの定期預貯金は、起算日扱いで再作成するということになりますが、このオペレーションをすると、「相続残高証明書」（相続発生時点での残高証明書）の金額が変わってしまう場合がありますので、注意が必要になります。

5 総合口座

① 総合口座の法的性質

　総合口座は、「普通預貯金契約」「定期預貯金契約」「国債等の保護預り取引契約」「当座貸越契約（金銭消費貸借契約の予約）」「定期預貯金及び国債等に対する担保権設定の予約」「普通預貯金契約と当座貸越契約との間の口座振替契約」等、各種の契約がセットになった口座です。

② 総合口座の相続

　各契約の相続に従います。

　問題は、総合口座取引における取引者としての地位が、相続人に承継されるかということですが、その地位は不可分であることから、結局、相続人全員の連名で取引することになり、現実的ではありません。

　総合口座取引規定は、取引先が死亡した場合、貸越取引の解約を定めており、かつ、貸越元利金がある場合には死亡の時点で弁済期が到来するものとしています。

　したがって、総合口座については、相続の発生と同時に全体としては解約となって、あとは、個別の各契約の相続と考えるべきでしょう。

③ 実務対応

貸越のある場合とない場合に分けて解説します。

イ．当座貸越のない場合

当座貸越については、中止または解約します。

普通預貯金、定期預貯金及び保護預りしている国債等について、相続手続を行います。

口座振替についても同様です。

ロ．当座貸越のある場合

当座貸越による債務も相続債務ですから、相続人が相続の発生と同時に法定相続分により債務を当然に承継することになりますが、総合口座取引規定は、総合口座の名義人の相続開始を、期限の利益の喪失事由としているので、定期預貯金等と差引計算して、回収を行うことになります。

そして、差引計算を行った後の預貯金等について、相続手続を行えばよいことになります。

差引計算書は、預貯金等の相続手続をした際に、相続人に交付します。

当座貸越残高がゼロになったら、当座貸越については、中止または解約します。

5 貸金庫・投資信託・個人向け国債の相続の実務

1 貸金庫取引

① 貸金庫取引の法的性質

　金融機関と利用者との間の貸金庫取引は、金融機関の付随業務である保護預り（銀行であれば、銀行法 10 条 2 項 10 号）の一種です。

　貸金庫契約は、金融機関が、貸金庫室内に備え付けられた貸金庫ないし貸金庫内の空間を利用者に貸与し、有価証券、貴金属等の物品を格納するために利用させるものです。

　いろいろな貸金庫の形態がありますが、貸金庫室への立入や貸金庫の開扉に金融機関が関与することはあっても、保護ボックスの開扉及び内容物について、金融機関は関与せず、利用者自らが行います。

　そうすると、貸金庫契約は、貸金庫ないし貸金庫内の空間を利用者に貸すことを基本とした賃貸借契約に、保護ボックスの内容物を安全に保管する義務や、利用者が一定の手続に従うことを前提として、貸金庫室または貸金庫の開扉に協力して貸金庫を利用させる義務が附随した契約ということになります。

② 貸金庫取引の相続

　貸金庫取引上の地位も相続の対象にはなりますが、貸金庫規定には、相続の発生によって、解約することができる旨の規定があります。

　もっとも、相続を原因として、金融機関が貸金庫取引を解約したところで、実際には相続人を相手として、内容物を引取ってもらわなくては

なりません。

　結局は、利用者の死亡により、貸金庫契約上の地位は、遺産分割があるまでは相続人の準共有と考えて、あとは、内容物を引取ってもらった上で、解約ということになります。

　この場合、内容物の引渡は、全相続人の同意の下に行使することになります。

　なお、代理届が出ていたとしても、本人である利用者の死亡により代理権が消滅する（民法 111 条 1 項 1 号）ので、代理人も開閉することはできません。

③ 実務対応

　利用停止（貸金庫の開扉を止める）の措置を取ります。

　相続人全員を相手方として、貸金庫の内容物を引取ってもらうことになります。

　一部相続人からの貸金庫の開扉請求や内容物引渡請求については、原則として、謝絶します。

　たとえ、開扉だけであったとしても、他の相続人から、金融機関に対し、「貸金庫の中には、貴金属（または遺言書）が入っていたはずだ。生前、被相続人から、そのような話を聞いていた。貸金庫を開扉した相続人が持ち出したに違いない。金融機関は、なぜ、自分の立ち合いなく貸金庫の開扉を認めたのか？」という苦情を受ける可能性があるからです。

　どうしても、一部の相続人で貸金庫を開扉して中身を確認したいという場合は、公証人に立ち会ってもらい、「事実実験公正証書」を作成してもらうとよいでしょう。

　事実実験公正証書とは、公証人が、嘱託を受けて、自ら五感の作用により直接体験し、認識した事実を記載して作成するものです（公証人法 35 条）。

　費用は、開扉を希望する一部相続人の負担となりますが、事実実験公正証書が貸金庫の開扉の際に作成される例は少なくありません。

2 投資信託

① 投資信託の法的性質

金融機関で販売する投資信託は、委託者、受託者、受益者の三者で構成される委託者指図型投資信託が通常です。

これは、投資運用業を行う金融商品取引業者を委託者、信託会社または信託業務を営む認可金融機関を受託者として、両者の間で投資信託契約を締結し、資金の出し手である投資家が受益者となる投資信託であって、投資家である顧客が有するのは投資信託受益権ということになります。

② 投資信託の相続

投資信託も、相続人に当然分割承継されることはなく、遺産分割の対象です（最三判平成 26 年 2 月 25 日民集第 68 巻 2 号 173 頁）。

③ 実務対応

投資信託の権利の帰趨は遺産分割協議（または調停・審判）の結果になります。

遺産分割協議前の解約については、全ての共同相続人を取引相手としない限り、これをすることができず、一部相続人から法定相続分の解約・払戻しの請求があっても、金融機関は、これを拒否することになります。

預貯金とは異なり、「相続させる」旨の遺言（特定財産承継遺言）があり、遺言執行者がいた場合でも、当然には遺言執行者に解約権限がないことに注意してください。

なぜなら、基準価格が大きく上下する可能性がある金融商品については、解約のタイミングによっては、受益者に不利益になる可能性があるからです。

この点、改正相続法は、預貯金以外の金融商品が特定財産承継遺言の対象とされている場合における遺言執行者の権限については、明文化していません。

特定財産承継遺言の対象とされた金融商品について遺言執行者が解約の権限を有するか否かは、遺言の解釈によるか、遺言の解釈では判明しない場合には、当該金融商品を相続することとなった相続人の同意を得て行うべきでしょう。

3 個人向け国債

① 個人向け国債の法的性質

　個人向け国債は、個人のみが購入できる国債で、日本国が発行するものです。

② 個人向け国債の相続

　個人向け国債も、相続人に当然分割承継されることはなく、遺産分割の対象です（最三判平成 26 年 2 月 25 日 民集第 68 巻 2 号 173 頁）

③ 実務対応

　基本的に投資信託の相続手続と同じです。

6 融資取引の相続実務

1 融資取引の相続の一般的原則

① 金銭債務の相続

　金銭債務も、マイナスの財産として相続の対象となり、債務は相続人に承継されることになります。

　民法896条は、「相続人は、相続開始の時から、被相続人の財産に属した一切の権利義務を承継する」としていますが、「義務」も承継するからです。

　相続人が複数いる場合は、金銭消費貸借契約に基づく債務のような可分債権は、各共同相続人にその法定相続分に応じて当然に分割承継されます（最二判昭和34年6月19日）。

　これを、図にすると、**図表3-2**のとおりです。

　では、A、B、Cの債務の関係はどうなるのでしょうか？

　この点、A, B, Cは、連帯債務関係や不可分債務関係に立つものではないとされています（大決昭和5年12月4日）。

　したがって、X金融機関は、相続人Aには、600万円を超えて請求することはできないということになります。

② 遺産分割協議と金融機関への効力

　預貯金については判例変更により遺産分割の対象になったため共同相続人はその合意により自由に預貯金を誰に帰属させるのかを遺産分割協議で決めることができます。

図表 3-2

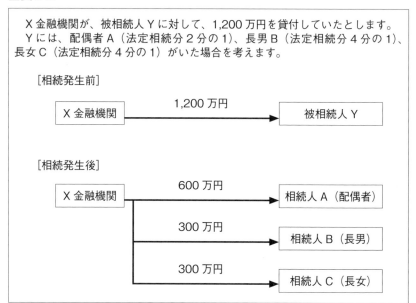

> X 金融機関が、被相続人 Y に対して、1,200 万円を貸付していたとします。
> Y には、配偶者 A（法定相続分 2 分の 1）、長男 B（法定相続分 4 分の 1）、長女 C（法定相続分 4 分の 1）がいた場合を考えます。
>
> ［相続発生前］
>
> | X 金融機関 | ──1,200 万円──▶ | 被相続人 Y |
>
> ［相続発生後］
>
> X 金融機関 ──600 万円──▶ 相続人 A（配偶者）
> ──300 万円──▶ 相続人 B（長男）
> ──300 万円──▶ 相続人 C（長女）

　そして、金融機関は、有効に成立した遺産分割協議書があれば、それに従って相続手続をします。

　では、金銭消費貸借契約上の債務については、どうでしょうか？

　この点、「誰が債務者になるか」については、金融機関は与信上重大な利害を有します。

　したがって、共同相続人間で、法定相続分と異なる分割方法を遺産分割協議書で定めたとしても、債権者である金融機関はそれに拘束されることはありません。

　金融機関は、最終的に共同相続人との合意ができなければ、どのような遺産分割協議がなされていても、法定相続分に従って貸金返還請求（保証債務履行請求）ができます。

③ 債務者の相続発生と期限の利益の喪失

　債務者について相続が発生したことそれ自体は、通常は、期限の利益

の喪失事由にはなりません（ただし、総合口座の貸越取引等、特約がある
ものは除きます）。

　しかし、相続人に弁済能力がないような場合には、「債権保全をする
相当の理由」が生じたとして、期限の利益の喪失事由になるのでしょう
か？

　図表 3-3 を例に考えます。

　利息は無視して、毎月 10 万円の元本均等弁済（弁済期間 10 年）だっ
たと仮定しましょう。

　相続の発生によって債権も当然に分割して承継されるとすると、X 金
融機関は、各相続人 A、B、C について、それぞれ期限の利益の喪失を

図表 3-3

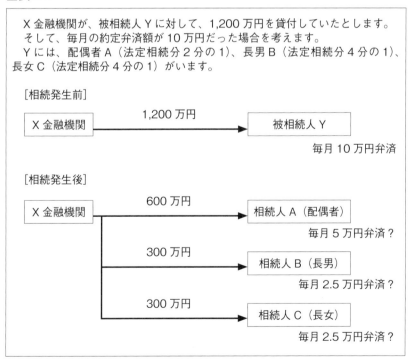

X 金融機関が、被相続人 Y に対して、1,200 万円を貸付していたとします。
そして、毎月の約定弁済額が 10 万円だった場合を考えます。
　Y には、配偶者 A（法定相続分 2 分の 1）、長男 B（法定相続分 4 分の 1）、
長女 C（法定相続分 4 分の 1）がいます。

［相続発生前］

| X 金融機関 | ─ 1,200 万円 → | 被相続人 Y |

毎月 10 万円弁済

［相続発生後］

| X 金融機関 | ─ 600 万円 → | 相続人 A（配偶者） |

毎月 5 万円弁済？

─ 300 万円 → 相続人 B（長男）

毎月 2.5 万円弁済？

─ 300 万円 → 相続人 C（長女）

毎月 2.5 万円弁済？

考えなくてはならないのでしょうか？

　例えば、相続人Ｂ、Ｃが「私は、関係ない」といって、毎月の約定弁済をしなかった場合でも、相続人Ａの分も含めて期限の利益を喪失させることができるかという問題があります。

　この点、債務も当然に分割して承継されるとすると、期限の利益の喪失についても同じように考えられます。

　しかし、債権者である金融機関が与信したのは、被相続人Ｙの信用を背景にしたものであって、Ｙについて相続が発生したという、Ｘにとって何ら帰責性のない事由によって、Ｘが毎月10万円の弁済を受けられないというのは、Ｘに酷でしょう。

　したがって、相続争いが紛糾して、当面まとまる見込みがなく、毎月10万円の約定弁済がなされない状況が続くのであれば、Ｘ金融機関としては、Ａ、Ｂ、Ｃ全てについて、期限の利益を喪失させて、回収手続に入るのはやむを得ないものと思います。

2 債務承継の手続

　債務承継の方法は、主に、①免責的債務引受、②併存的（重畳的）債務引受の２つがあります。

　債務引受については、従前民法に規定がなく、実務及び判例上認められていたものでした。しかし、改正債権法により、民法に規定されました。

　一部、従前の判例が変更になっている点に留意が必要です。

① 免責的債務引受

　免責的債務引受は、金融機関と相続人間の合意により、分割承継した債務を、同一性を保持したまま、承継者である相続人１名が引受して、他の相続人は免責を受けるというものです。

　免責的債務引受については、改正債権法により、３つのパターンが規定されました。

　イ．債権者・債務者・引受人の三者契約（条文にはないが、当然に可能）

　　ロ．債権者と引受人との契約＋債権者から債務者への通知(472条2項)
　　ハ．債務者と引受人との契約＋債権者の引受人に対する承諾（472条
　　　3項前段）

です。

　金融機関の実務で問題になるのは、ロになります。

　従前の判例（大判大正10年5月9日民録27輯899頁）は、第三者の
弁済（民法474条）や債務者の交替による更改（同法514条）と同様に、
債務者の意思に反する免責的債務引受は認められないとしていました。

　令和2年4月施行の債権法改正で、この実務が変わりました。

　債務者（債務引受をする相続人以外の相続人）の意思に反していても、
債権者（金融機関）から債務者への通知をすれば、債務引受が可能にな
りました。

　また、保証人や物上保証人がいる場合も、勝手にBやCを免責して
しまうことはできません。

　その分、保証人や物上保証人の責任が「重く」なるからです。

　免責的債務引受のメリット・デメリットをまとめると**図表3-4**のと
おりです。

図表3-4

メリット	債権の管理が容易[※1] 事業や実家の承継者がいる場合には、相続人間での合意形成が容易[※2]
デメリット	相続人B、Cからは弁済を受けられない。 保証人、物上保証人の承諾が必要である。

※1　債権法改正により、更改、相殺、混同以外の事由はすべて、「相対効」（民法
　　458条、民法438条、439条1項、440条、441条）となり、時効、免除も
　　相対効となったので、事実上、他の相続人を債権管理の対象から除外できると
　　いう程度のメリットにしかならない。
※2　事業や実家の承継者が、プラスの財産を承継する代わりに、マイナスの財産
　　も承継して、他の相続人を免責するというのであれば、他の相続人も納得しや
　　すい。

② 併存的（重畳的）債務引受

併存的債務引受（重畳的債務引受ともいいます。以下では、併存的債務引受と表記します）は、相続によって分割承継した債務を、同一性を保持したまま、承継者である相続人1名が引受して、他の相続人は、法定相続分は、引続き分割承継した債務を負うというものです。

このような契約も、改正債権法で明記されました（民法470条以下）。

この手続は、金融機関と承継人たる相続人の合意のみでも可能です（民法470条2項）。

時系列で並べると、**図表3-5**の手順になります。

問題は、相続人A、B、Cの債務の関係ですが、併存的債務引受がなされた場合は、債務を引受した相続人は、その相続人と引受人は「連帯債務者」になります（民法470条1項）。

したがって、相続人AとBは、300万円の範囲で、相続人AとCも300万円の範囲でそれぞれ、連帯債務関係に立ちます。

しかし、連帯債務関係に立つため、債権の効力は強くなりますが、債権の管理（請求等）についても、BとCについては、引続き行う必要があります。

なお、債権法改正により、時効や免除も相対効になりました。

したがって、BとCについて、時効が完成しても、Aへの影響はありません。

また、BとCについて、「各々100万円（2人で200万円）だけ払ってくれれば、あとは免除する」という合意をしても、Aには、1,200万円－200万円＝1,000万円の請求が可能です。

問題としては、「BとC（＝連帯債務者）に請求した場合に、A（＝他の連帯債務者）に対する効果が及ぶか？」、「BとC（＝連帯債務者）が債務承認した場合に、A（＝他の連帯債務者）に対する効果が及ぶか？」という問題があり、Aに対する時効の完成猶予や更新との関係では極めて重要な論点でした。

図表 3-5

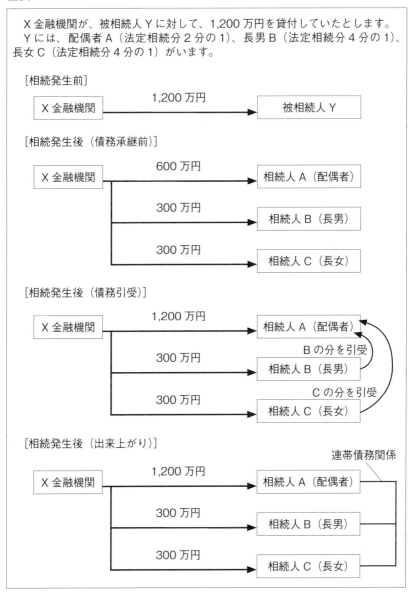

X 金融機関が、被相続人 Y に対して、1,200 万円を貸付していたとします。
Y には、配偶者 A（法定相続分 2 分の 1）、長男 B（法定相続分 4 分の 1）、長女 C（法定相続分 4 分の 1）がいます。

［相続発生前］

X 金融機関 ──1,200 万円──▶ 被相続人 Y

［相続発生後（債務承継前）］

X 金融機関 ──600 万円──▶ 相続人 A（配偶者）
　　　　　──300 万円──▶ 相続人 B（長男）
　　　　　──300 万円──▶ 相続人 C（長女）

［相続発生後（債務引受）］

X 金融機関 ──1,200 万円──▶ 相続人 A（配偶者）
　　　　　──300 万円──▶ 相続人 B（長男）　B の分を引受
　　　　　──300 万円──▶ 相続人 C（長女）　C の分を引受

［相続発生後（出来上がり）］

連帯債務関係

X 金融機関 ──1,200 万円──▶ 相続人 A（配偶者）
　　　　　──300 万円──▶ 相続人 B（長男）
　　　　　──300 万円──▶ 相続人 C（長女）

この点、改正債権法は請求や債務承認については、「相対効」を原則としたうえで、「ただし、債権者及び他の連帯債務者の一人が別段の意思を表示したときは、当該他の連帯債務者に対する効力は、その意思に従う」（民法441条ただし書き）としました。

よって、Aとの間で、「BまたはCに対する請求、またはBまたはCの債務承認は、私（＝A）にもその効力が及びます」という合意をすれば、Aが行方不明になっても、BまたはCへの請求、BまたはCの債務承認でAへの消滅時効についても完成猶予や更新をすることができます。

併存的債務引受のメリット・デメリットをまとめると**図表3-6**のとおりです。

改正債権法により、連帯債務については時効、免除が相対効になったので、併存的債務引受のデメリットはほとんどなくなりました。

事業や実家の承継者がいる場合には、その承継者が併存的債務引受をすることが多くなると思います。

図表3-6

メリット	相続人B、Cからの弁済も受けられる。 保証人、物上保証人の承諾は要らない。
デメリット	債権の管理（請求等）について、B、Cにも行う必要がある。

3 主たる債務者の死亡と保証取引

① 主たる債務者の死亡が保証取引に与える影響

金融機関が保証人と保証契約を締結する場合は、そのほとんどが連帯保証ですから、以下では、連帯保証取引を前提として説明します。

特定債務の保証では、主たる債務者が死亡しても、連帯保証は影響を受けないのが原則となります（個人貸金等根保証契約は後述の②を参照してください）。

　ただし、図表 3-7 のような場合，連帯関係は、相続人 A は連帯保証人 Z と 600 万円の範囲で、相続人 B は連帯保証人 Z と 300 万円の範囲で、相続人 C は連帯保証人 Z と 300 万円の範囲でそれぞれ連帯することになります。

図表 3-7

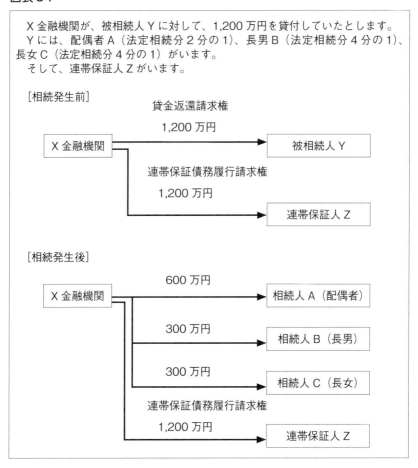

② 個人貸金等根保証の場合

個人貸金等根保証契約の場合は、主たる債務者の死亡によってどうなるのでしょうか。

「個人根保証契約の元本の確定事由」には、「主たる債務者又は保証人が死亡したとき」が定められています（民法465条の4第1項3号）。

個人貸金等根保証契約も、個人根保証契約の規律が及びます。

したがって、個人貸金等根保証契約がなされていた場合は、主たる債務者の死亡によって、元本が確定しますので、その時点で保証債務が確定します。

例えば、相続人Aが債務承継したとしても、その後相続人Aに新規で融資した貸金については、そのままでは、Zの保証の範囲に含まれないので注意してください。

4 債務者の死亡と物上保証取引

① 債務者の死亡と普通抵当権

イ. 債務者が死亡し、抵当権設定者は別にいる場合

図表3-8のような場合、抵当権の効力には影響がありません。

相続登記手続をしなくても、抵当権の効力には影響ありませんが、債務承継者が決まり次第、相続登記手続をします。

原則は、いったんYからAとBに債務者の相続による変更登記をして、その後にAに債務引受による変更登記をすることになりますが、X金融機関が同意すれば、債務者を直接YからAに変更することもできます（法務省昭和33年5月10日民事甲第964号 民事局長回答 金融法務事情178号10頁）。

相続登記手続をしない場合、抵当権を実行するときに手間がかかります。

相続登記未済のまま、抵当権を実行する方法は、以下のとおりです。

この場合は、相続登記手続について、抵当権者の協力が得られないと

図表 3-8

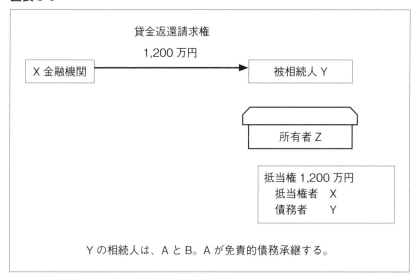

貸金返還請求権
1,200 万円

X 金融機関 → 被相続人 Y

所有者 Z

抵当権 1,200 万円
抵当権者　　X
債務者　　　Y

Y の相続人は、A と B。A が免責的債務承継する。

いうことですから、期限の利益の喪失後、そのまま放置というわけには
いきません。

　このような場合は、債権者代位権を使って、金融機関が相続登記手続
を行います。

　債権者代位権とは、「『債権者』が、債務者の地『位』に『代』わって、
行使する『権』利」のことです。

　具体的な方法は、ロで詳しく説明します。

　また、Y の相続人全員が相続放棄をするなどして、相続人が誰もいな
くなった場合については、以下のとおりとなります。

　Y に相続人が誰もいなくなったのですから、Y の財産は、相続財産法
人（民法 951 条）になります。

　そうすると、Y について、家庭裁判所において相続財産清算人を選任
してもらうことが原則となるでしょう（民法 952 条 1 項）。

　抵当権者である X 金融機関は利害関係人にあたりますから、相続財

産清算人選任の申立資格があります。申立てをすれば、選任はされるはずです。

　しかし、問題となるのは、相続財産清算人の報酬です。

　相続財産清算人は、事実上、家庭裁判所が弁護士の中から選任しますが、その報酬について予納金として、50万円～100万円は納付しなければなりません。

　Yに財産が別にあれば別ですが、相続人（第三順位も含めて、全員）が相続放棄をしたということは、Yの財産には期待が持てません。

　そうすると、予納金は、事実上、X金融機関が負担することになります。

　実務的には、競売するだけであれば、特別代理人の選任の申立てが現実的です。

　このような場合には、民事執行法20条で準用する民事訴訟法35条に基づき特別代理人の選任が認められることがあり、執行裁判所と協議をすることになります（大決昭和6年12月9日民集10巻1197頁）。

　特別代理人の選任で手続を進行させることが認められれば、特別代理人報酬は5～10万円であることが多く、相続財産清算人の選任よりは、かなり「安価」となります。

　そして、特別代理人の報酬や選任費用は共益費用として売却代金から償還を受けることができるので、まずは、執行裁判所と協議して特別代理人の選任を検討しましょう。

ロ．債務者兼抵当権設定者が死亡した場合

　では、**図表3-9**のように債務者が自ら所有する物件を担保に供していた場合はどうでしょうか。

　この場合も、抵当権の効力には影響はありません。

　被相続人Yの債務は、各共同相続人に法定相続分に応じて分割承継され、各共同相続人は承継した額についてX金融機関に対して責任を負います。

　これによって、抵当権に影響はなく、抵当権は共同相続人に分割され

図表 3-9

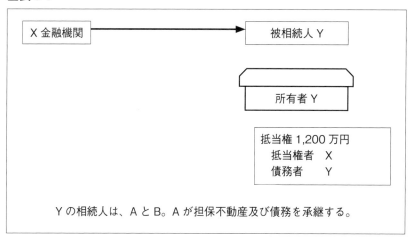

た債務を従前と同じく担保することになるのです。

　たとえ、共同相続人間で担保不動産の承継者を誰に定めたとしても、X 金融機関の抵当権に影響はありません。

　しかし、問題は、Y の相続登記手続を Y の相続人がしない場合です。

　わざわざ、競売されるために、相続登記手続をする相続人も稀でしょう。

　A が、担保不動産及び抵当権の債務者について、Y → A への登記手続きをすれば、X 金融機関としては問題ありませんが、問題は A も B も何もしない場合です。

　図表 3-9 のような場合、「遺産分割協議が終わらないから、いつまで経っても競売ができません」というような悩みを抱える金融機関もあります。

　しかし、Y の死亡といった X 金融機関に何ら関係のない事情で、担保不動産である Y 所有の不動産について競売ができないということはありません。

　この場合は、以下の手続を行います。

① 執行裁判所に、所有者（亡）Y名義のまま、担保不動産競売の申立てをします。

② その際に、執行裁判所に所有者Yが死亡していることを上申します。

③ ②と併せて、所有者Yの相続人及び法定相続分を確定させるため、Yについて戸除籍謄本類または法定相続情報一覧図の写しを添付します。

④ X金融機関は、執行裁判所から、「競売申立受理証明書」を受領し、戸除籍謄本類または法定相続情報一覧図の写しの還付を受けます。

　競売申立受理証明書については、自動的には発行されませんので、交付の請求を行ってください。

　戸除籍謄本類または法定相続情報一覧図の写しについては、還付の上申を忘れないでください。

⑤ X金融機関は、法務局（登記官）に対し、

　戸除籍謄本類または法定相続情報一覧図の写し

　　　　　　　　　　　　　　　＝「登記原因証明情報」、

　競売申立受理証明書　　　　　　＝「代位原因証明情報」、

として、Yの法定相続人に代位して、相続手続きを申請します。

　この際も、戸除籍謄本類または法定相続情報一覧図の写し、競売申立受理証明書については、還付の上申を忘れないでください。

⑥ 法務局（登記官）が、「法定相続分」により、所有者Yの不動産の相続登記を行います（**図表3-9**であれば、AとB）。

⑦ 登記が完了したら、戸除籍謄本類または法定相続情報一覧図の写し、競売申立受理証明書を受領し、法務局で相続登記が完了した後の全部事項証明書（登記簿謄本）を取得します。

⑧ X金融機関は、⑦の書面を執行裁判所に提出します。

⑨ 執行裁判所は、競売による差押の登記手続きを法務局に嘱託します。

⑩ あとは、通常の競売手続と同じです。

② 債務者の死亡と根抵当権

イ．債務者が死亡し、根抵当権設定者は別にいる場合（元本確定前）

　図表 3-10 のような場合、根抵当権はどうなるのでしょうか。

　所有者は、Z のままですが、問題となるのは、①相続発生時点での債務はどうなるのか、という点と、②今後、発生する債権は根抵当権で担保されるのか、という点になります。

　まず、①ですが、既存債務については、被相続人 Y の債務は、A と B に法定相続分に応じて分割承継され、A と B は承継した額について X 金融機関に対して責任を負います。

　そして、既存債務については、根抵当権で担保されます。

　問題は②となります。

　民法は、「元本の確定前にその債務者について相続が開始したときは、

図表 3-10

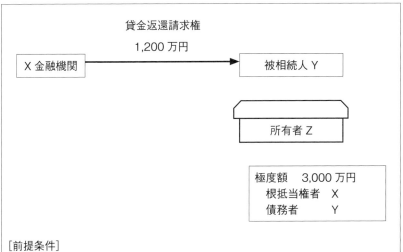

貸金返還請求権

1,200 万円

X 金融機関　　　　　→　　　　　被相続人 Y

所有者 Z

極度額　　3,000 万円
根抵当権者　X
債務者　　　　Y

［前提条件］
　Y が死亡して、Y の相続人は、A と B。A が事業承継者となる予定。
　Z は、X 金融機関に対して、「A が事業承継するなら、引き続き根抵当権設定者として 3,000 万円の範囲であれば、担保提供してもよい」と申し出ている。

根抵当権は、相続開始の時に存する債務のほか、根抵当権者と根抵当権設定者との合意により定めた相続人が相続の開始後に負担する債務を担保する」（民法398条の8第2項）と定めています。

　つまり、XとZが話し合って、Yの相続人の中から特定の者（今回はAです）を定めて、引続きAに対する貸出を根抵当権で担保することについて合意の登記をします。

　これを、指定債務者の合意の登記といいます。

　この登記については、相続の開始後6カ月以内にすることが必要です。

　なぜならば、民法は、「合意について相続の開始後六箇月以内に登記をしないときは、担保すべき元本は、相続開始の時に確定したものとみなす」（民法398条の8第4項）としているからです。

　指定債務者の合意の登記をするためには、その前に相続人よる債務者の変更登記が終わっている必要があります（不動産登記法92条）。

ロ．債務者兼根抵当権設定者が死亡した場合（元本確定前）

　図表3-11のような場合、根抵当権はどうなるのでしょうか。

　基本的なところは、イ．と同じです。

　しかし、不動産の所有者をYからAに変更する手続が必要になります。

　これに加えて、Aが免責的債務承継をするという前提で検討します。この場合、手続は図表3-12のようになりますが、難しいところなので、司法書士とよく相談して手続をしてください。

ハ．債務者の死亡と元本確定後の根抵当権など

　債務者が死亡した場合に、すでに根抵当権が確定していた場合はどうなるのでしょうか？

　また、6カ月以内に指定債務者の合意の登記ができずに、根抵当権が確定してしまった場合はどうなるのでしょうか。

　このような場合は、相続発生後の新しい貸金を根抵当権の被担保債権に含めることはできません。

図表 3-11

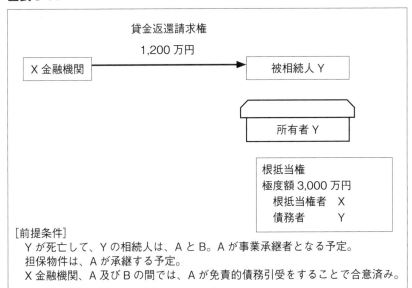

[前提条件]
　Y が死亡して、Y の相続人は、A と B。A が事業承継者となる予定。
　担保物件は、A が承継する予定。
　X 金融機関、A 及び B の間では、A が免責的債務引受をすることで合意済み。

図表 3-12　図表 3-11 の場合の登記手続の流れ（詳細は事例 2-17 参照）

［第 1 ステップ］相続による所有権移転登記手続
　所有者を Y →（A と B）→ A へ変更します。

［第 2 ステップ］根抵当権について、債務者の変更登記手続
　債務者を Y → A と B へ変更します。

［第 3 ステップ］根抵当権について、指定債務者の合意の登記手続
　X 金融機関、A 及び B が、根抵当権について A を指定債務者として合意の登記手続を行います。
　この段階で、Y が死亡していたときの既存債務と今後 A を債務者とする新規貸出が根抵当権で担保されることになります。

［第 4 ステップ］債務者について、免責的債務引受の登記手続
　債務者を A と B → A へ変更します。
　そして、債務の範囲に「債務引受（旧債務者 B）にかかる債権」を追加し、さらに、「相続による A の相続債務のうち変更前根抵当権の被担保債権の範囲に属するものにかかる債権」を追加します。

考え方としては、抵当権と同じです。

ただし、債務者の変更登記は、いったん、共同相続人の全員に変更した上で、債務承継をする相続人に変更します。

もちろん、金融機関が債務承継に同意しなければ、共同相続人全員が法定相続分に従って、債務者となります。

5 連帯保証人の死亡

① 保証債務の相続

上記 **3 4** では、主たる債務者が死亡した場合に連帯保証がどうなるか、債務者が死亡した場合に、担保取引がどうなるか、を検討しました。

ここでは、連帯保証人が死亡した場合に、どうなるかを考えてみます。

連帯保証債務は、一身専属ではありませんので、相続の発生によって通常の貸金債務と同じく分割承継されます。

問題は連帯関係がどうなるかですが、**図表 3-13** では、Y と A が 600 万円の範囲で、Y と B が 300 万円の範囲で、Y と C が 300 万円の範囲で連帯関係に立ちます。

A、B、C が連帯関係に立つわけではありません。

したがって、X 金融機関が請求できる範囲は、A には 600 万円、B には 300 万円、C には 300 万円になります（事例 2-21 参照）。

② 個人貸金等根保証の場合

個人貸金等根保証契約の場合は、保証人の死亡によってどうなるのでしょうか。

「個人根保証契約の元本の確定事由」には、「主たる債務者又は保証人が死亡したとき」が定められています（民法 465 条の 4 第 1 項 3 号）。

個人貸金等根保証契約も、個人根保証契約の規律が及びます。

したがって、個人貸金等根保証契約がなされていた場合は、保証人の死亡によって、元本が確定しますので、その時点で保証債務が確定します。

図表 3-13

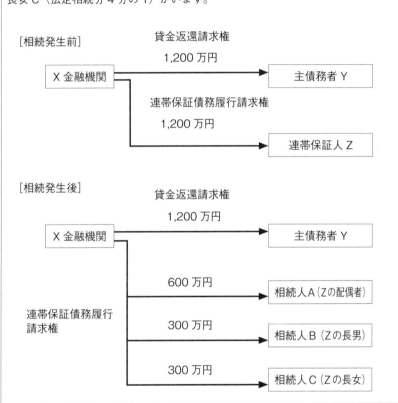

X 金融機関が、主たる債務者 Y に対して、1,200 万円を貸付していたとします。
連帯保証人は Z ですが、Z が死亡して相続が発生しました。
　Z には、配偶者 A（法定相続分 2 分の 1）、長男 B（法定相続分 4 分の 1）、長女 C（法定相続分 4 分の 1）がいます。

[相続発生前]

貸金返還請求権
1,200 万円

X 金融機関 ──→ 主債務者 Y

連帯保証債務履行請求権
1,200 万円

──→ 連帯保証人 Z

[相続発生後]

貸金返還請求権
1,200 万円

X 金融機関 ──→ 主債務者 Y

連帯保証債務履行
請求権

600 万円 ──→ 相続人 A（Z の配偶者）

300 万円 ──→ 相続人 B（Z の長男）

300 万円 ──→ 相続人 C（Z の長女）

　A と X の間で、債務者を Y とした新たな貸金等根保証契約を締結しない限り、X 金融機関が Y に相続発生後に新規融資をしたとしても、A が保証債務を負うわけではありません。

　A が負う保証債務は、Z が死亡したときに存在した主たる債務のうち A の法定相続分になります。

6 物上保証人の死亡

① 抵当権設定者の死亡

　物上保証人である抵当権設定者が死亡した場合、抵当権への影響はあるのでしょうか。

　上記図表3-14において、Zが死亡したとします。

　Zは物上保証人ですから、X金融機関に対して債務を負っているわけではありません（保証人の場合は、保証債務を負っています）。

　Zが負っているのは、担保提供者として、YがX金融機関に弁済できないときには、担保物件を換価してその代金によって弁済するという「責任」だけになります。

　ですから、Zの死亡は、債務承継の問題ではありません。

　担保権設定者としての地位の承継の問題になります。

　X金融機関としては、担保不動産をAが承継しようが、AとBが共

図表 3-14

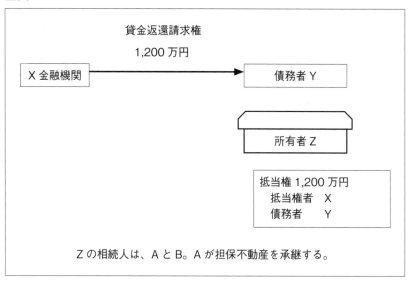

同で承継しようが、抵当権の効力に影響がないことになります。

　もっとも、所有権の移転登記をしていないと実際の担保権実行のとき
に手間がかかるので、承継する相続人（**図表 3-14** では A）が決まり次第、
所有権の移転登記手続をしてもらうようにします。相続人が所有権の移
転登記手続をせず、X 金融機関が競売をしなければならなくなった場合
については、前述のとおり債権者代位権をつかって、競売をします。

② 根抵当権設定者の死亡（元本確定前）

　物上保証人である根抵当権設定者が死亡した場合、根抵当権への影響
はあるのでしょうか。

　元本確定前の根抵当権について、考えてみます。

　まず、根抵当権の設定者の死亡は、根抵当権の元本確定事由になるの
でしょうか。

　この点、元本の確定事由を定める民法 398 条の 8 は、元本の確定事
由として「根抵当権者又は債務者の相続」をあげていますが、根抵当権
設定者の相続はあげていません。

　同じく、元本の確定事由を定める民法 398 条の 20 は、「競売や債務
者又は根抵当権設定者の破産」をあげていますが、根抵当権設定者の相
続はあげていません。

　したがって、**図表 3-15** で、根抵当権設定者である Z に相続が発生し
たとしても、それ自体が元本確定事由になるわけではありません。

　もっとも、元本確定期日の定めのない場合には、物上保証人には、元
本確定請求権が与えられています。

　民法 398 条の 19 第 1 項が、「根抵当権設定者は、根抵当権の設定の
時から三年を経過したときは、担保すべき元本の確定を請求することが
できる。この場合において、担保すべき元本は、その請求の時から二週
間を経過することによって確定する」と定めているからです。

　したがって、A が根抵当権設定の時から 3 年を経過して、元本確定
請求をしてきた場合には、請求から 2 週間経過すれば元本が確定します。

図表 3-15

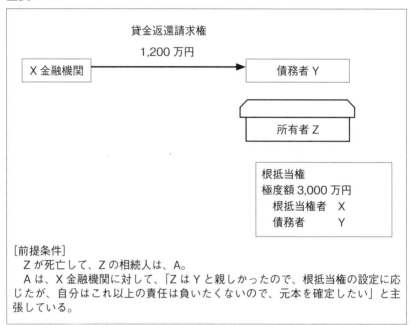

貸金返還請求権
1,200 万円

X 金融機関 → 債務者 Y

所有者 Z

根抵当権
極度額 3,000 万円
　根抵当権者　X
　債務者　　　Y

［前提条件］
　Z が死亡して、Z の相続人は、A。
　A は、X 金融機関に対して、「Z は Y と親しかったので、根抵当権の設定に応じたが、自分はこれ以上の責任は負いたくないので、元本を確定したい」と主張している。

　図表 3-16 に、元本確定前の根抵当権と相続についてまとめておきます。

③ 根抵当権設定者の死亡 （元本確定後）

　根抵当権設定者が死亡しても、すでに確定している根抵当権の効力に影響はありません。

　既に元本が確定しているため、担保物件を相続した相続人の元本確定請求権も問題となりません。

　金融機関としては、将来の担保権実行に備えて、所有者の変更登記手続を相続人に依頼しておくことになります。

図表 3-16

被相続人（死亡した者）	根抵当権はどうなるか？	根拠条文等
債務者	指定債務者の合意の登記を6カ月以内にしないと相続発生時に元本確定	民法 398 条の 8 第 2 項、第 4 項
根抵当権設定者	影響はない。ただし、根抵当権の設定から 3 年経過すると元本確定請求権の行使	民法 398 条の 19 第 1 項

〈編著者略歴〉

瀬戸祐典（せと・よしのり）
　1971年愛知県一宮市生まれ。94年東京大学法学部卒業。同年富士銀行
（現みずほ銀行）入行。02年司法試験合格。05年弁護士登録（東京弁護士会）。
06年みずほ銀行退職。06年響法律事務所入所。13年弁護士法人千の響設立、
社員弁護士。22年瀬戸総合法律事務所設立、代表弁護士。金融法務全般、
債権回収、法的整理手続・任意整理、破産管財事件、企業コンプライアンス、
クレームトラブル処理等において第一線で活躍中。

矢田悠起子（やだ・ゆきこ）
　瀬戸総合法律事務所　第一東京弁護士会所属

松尾美紗（まつお・みさ）
　瀬戸総合法律事務所　東京弁護士会所属

こんなときどうする!? 相続実務　〈検印省略〉

2023年7月24日　初版発行
　1刷　2023年7月24日

編 著 者	瀬戸法律事務所
発 行 者	星　野　広　友
発 行 所	株式会社銀行研修社

東京都豊島区北大塚3丁目10番5号
電話　東京 03(3949)4101　(代表)
振替　00120-4-8604番
郵便番号　〒170-8640

印刷／株式会社木元省美堂
製本／株式会社中永製本所